川の怪談

はじめに

川は、人々の生活に密接に関わる大自然の存在です。

その流れは、あるときは食料を育む土地を潤し、またあるときは交通手段として利用されてきました。古代ギリシャの歴史家ヘロドトスが自著に「エジプトはナイルの賜物」と記したように、豊かな水がなければ文明の発展すら起こり得ないのです。

しかし、川はときに人の命を奪うこともあります。

以前、どこかの本にも書いたのですが、調べてみると人間は水深数センチで溺死することもあるとのことです。つまり、溺れてパニックを起こしてしまえば、どんな浅い川や海だとしても、帰らぬ人となってしまうのです。

川が増水して氾濫すると、時には人々がその猛威に巻き込まれることがあります。

また、川辺で足を滑らせたり、思いがけず激流に飲み込まれたりする事故も少なくありません。

私の記憶には、夏休みに水辺で起きる悲惨な事故がなかった年は一度もないのです。

これだけを見ても、川が人々の生活に密接に関わりながら、同時に命を奪う危険も孕んでいることは、明らかです。

本書には、そんな川を舞台にした体験談を集めて収録しました。煌めく水面の美しさや日常的に受ける恩恵だけでなく、その未知なる側面に焦点を当て、ゾッとする物語の数々をお届けします。

川辺で遊ぶ子供たち、釣りを楽しむ大人たち、そしてその他多くの人々が、何気なく過ごすその場所には、予想もしない出来事や存在が潜んでいるかもしれません。

怪談は、恐怖や不安、そして好奇心を具体的な形に変えたものです。

この本を通じて、川という身近な場所に対する新たな理解を深め、その未知の部分や水の恐ろしさに思いを馳せる機会となることを願っています。

どうか、心してお読みいただきたいと思います。

読み終わったとき、あなたが河川に近づきたくないと感じていただければ幸いです。

そう願いながら、以下に怪談を綴ります。

正木　信太郎

目次

魔の棲む河川地図

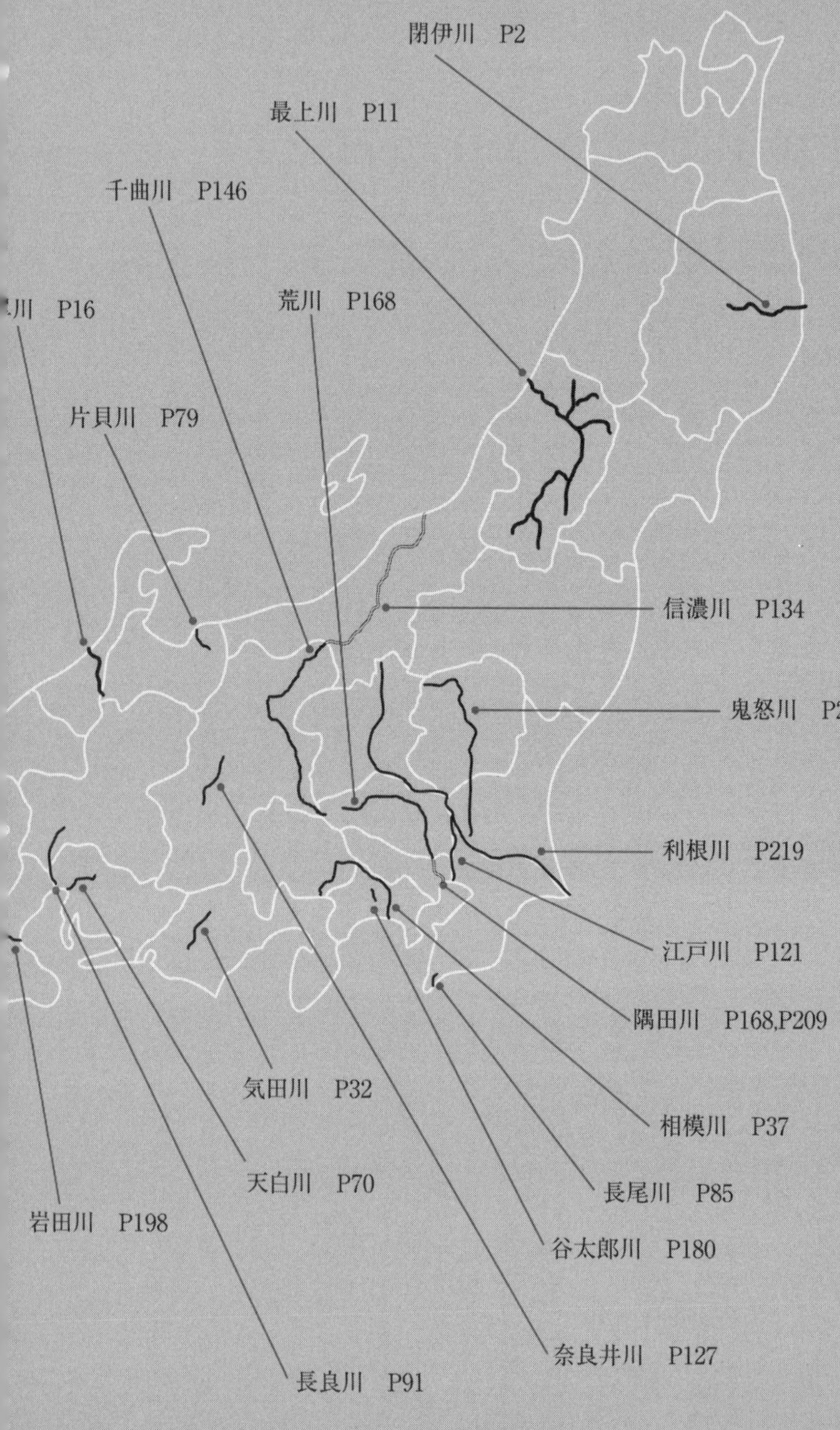
閉伊川　P2
最上川　P11
千曲川　P146
荒川　P168
川　P16
片貝川　P79
信濃川　P134
鬼怒川　P26
利根川　P219
江戸川　P121
隅田川　P168,P209
気田川　P32
相模川　P37
天白川　P70
長尾川　P85
岩田川　P198
谷太郎川　P180
奈良井川　P127
長良川　P91

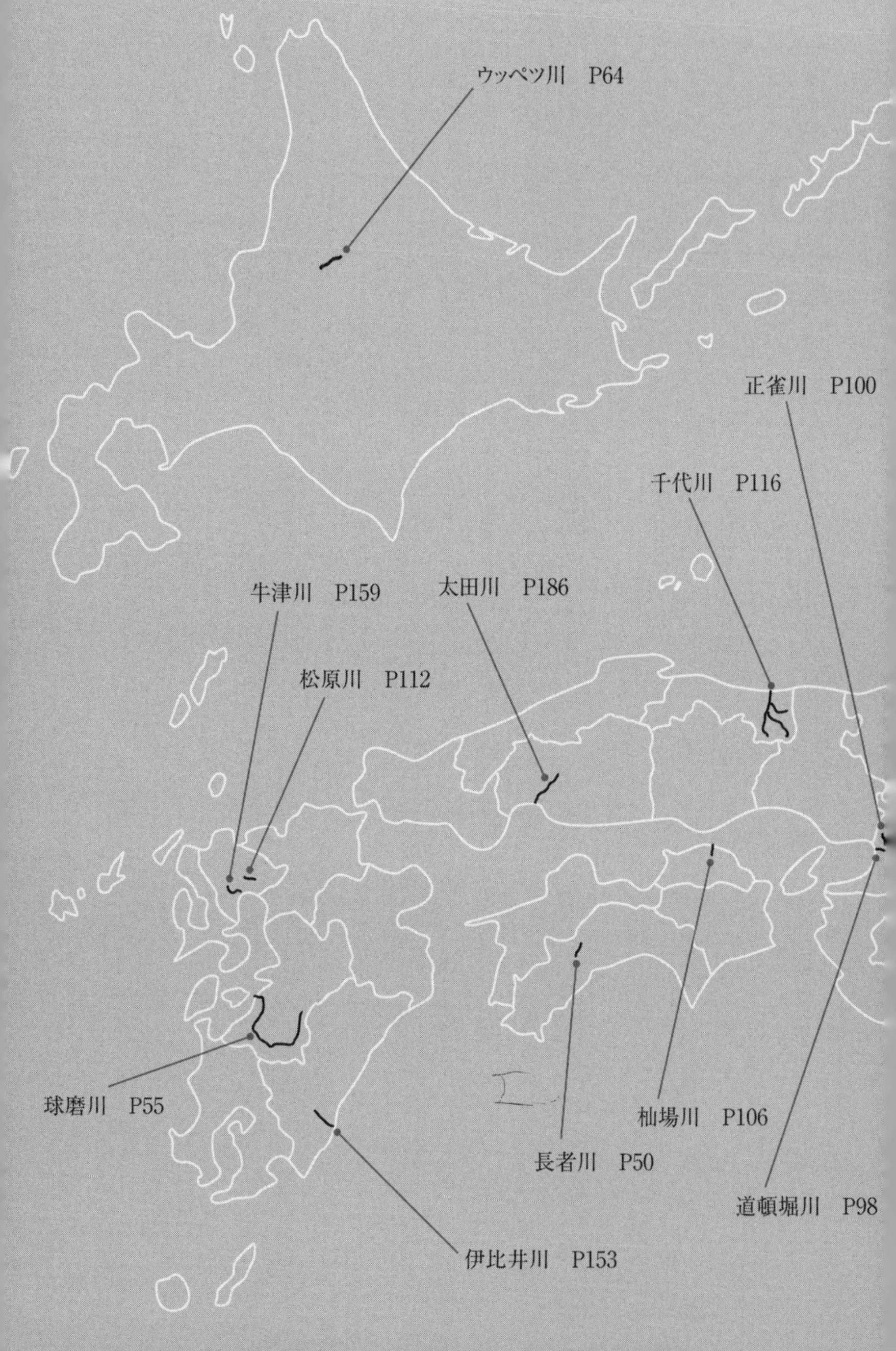
ウッペツ川　P64
正雀川　P100
千代川　P116
牛津川　P159
太田川　P186
松原川　P112
球磨川　P55
杣場川　P106
長者川　P50
道頓堀川　P98
伊比井川　P153

※本書は体験者および関係者に実際に取材した内容をもとに書き綴られた怪談集です。体験者の記憶と主観のもとに再現されたものであり、掲載するすべてを事実と認定するものではございません。あらかじめご了承ください。

※本書に登場する人物名は、様々な事情を考慮してすべて仮名にしてあります。また、作中に登場する体験者の記憶と体験当時の世相を鑑み、極力当時の様相を再現するよう心がけています。今日の見地においては若干耳慣れない言葉・表記が記載される場合がございますが、これらは差別・侮蔑を助長する意図に基づくものではございません。

閉伊川《へいがわ》（岩手県）

宮古市に住む汐《うしお》さんは、四十年前に不気味な体験をしたのだそうだ。

それは、ある盆のこと。

市の西側に住む親せきの家を訪れた際、昼下がりに親せきから、閉伊川より分岐する小川で冷やしているスイカを取ってくるよう頼まれた。

行ってみると、重りが付けてある網が水面に見え隠れしている。細い木の杭が川岸に打ち付けてあり、そこに網目が通してあった。

スイカは水に浮くので、川底で冷やすために網で沈めてあったのだ。

汐少年が網に近づくと、川からの冷気が肌を撫でつけ、夏の暑さが交わる独特の匂いが鼻をついた。

両手で思い切り持ち上げようとしたとき、川の静寂が一瞬、心臓の鼓動だけに変わった。

耳の奥が突然痛み始め、急に視界が狭まり筒を覗いているかのような錯覚に襲われた。

――と、見知らぬ腕が底から伸びてきた。

川底から突如として現れた両腕は、青白い肌に透き通った血管が浮き出ていた。

痩せ細った腕は、骨と皮だけのようで、関節が不自然に曲がっている。

爪は黒ずんで鋭く尖り、何かを掻き毟《むし》るための道具のように思えた。

最初はゆっくりと川底から出現したその腕が、次第に速度を上げ、水中で不規則にうねりながら伸び上がった。その動きは人間のものとは思えず、まるで蛇のように滑らかだった。

「きれい……」

思わず口を突いて出た言葉。慌てて否定するかのように両の手で自分の口を覆った。

その隙を狙っていたかのように両腕がスイカを網ごと鷲掴みにした。

驚いた汐少年は、小さな悲鳴を上げ、尻もちをついてその場に倒れた。

しばらく何も起きないことを確認した汐少年が川底を覗き込むと、そこにはもう何もなく、見知った小魚が泳いでいるくらいだったという。

結局、手ぶらで帰った汐少年は大人たちにさっきあったことを話して聞かせた。

きっと信じてもらえず、怒られるだろうと思った。

だが、大人たちは彼の話を聞きながら何度も頷き、誰も彼を責めようとはしなかった。

その後、一緒にきた母が和菓子を出してくれて、みんなで食べたということだ。

最上川《もがみがわ》（山形県）

五十代という漁師にしては若い部類に入る相沢さんは、一日も早く長男が立派に成長し家業を継いでくれることを、心待ちにしているそうだ。

というのは、彼はもうすでに引退していて、長男の仕事ぶりに口を出すだけ。海に出ることは極力避けているのだ。

それは、相沢さんの親父さん、つまり先代の大黒柱のせいなのだと相沢さんは言う。

ちなみに先代はすでに亡くなっている。漁の最中に船から転落して行方不明になったのだ。

「それがなんでか、化けて出たのよ。もう家中大騒ぎでさ」

真夜中、応接間に立っていた。風呂場の脱衣所で、磨りガラスの向こうに佇んでいた。洗面して顔を上げると、後ろに青い顔が映った。据え置きの電話から先代の声がした。

とにかく、八人家族のそれぞれが、口々にあれは先代だったと証言する。

最初のうちは、寝ぼけ、見間違え、気のせい、となだめていたのだが、相沢さん本人が寝室で、枕元に立つ父親と遭遇してしまってからは、そうもできなくなった。

「いや、本当に幽霊っているんだなって。向こう側が透けた半透明でね。元々身内だから、怖いってんじゃなくて、どっちかっつーと懐かしいとかそんな感じだよ」

とはいえ、幽霊。いかに古くから知っている近しい人物といえども、不気味なことには変わりない。特に、年齢が下になればなるほど先代とは関わりが薄かったこともあって、怖がるのは当然のことだと言えた。

「それでも気にはしてなかったんだ。だけど、あれ？　と思うことがあって」

それは、家族のみんなは家の中で爺様を見たというのだが、相沢さんだけは外でも親父を見かけることがあるということに気がついたからだ。

集会所の便所、飲み屋の片隅、風俗店の入口。

とにかく、ふとした拍子に父親が立っているというのだ。

「それでピンっときたね。この人、いやこの幽霊は俺に憑いてるんだって」

相沢さんの予想通り、相沢さんがひとりで母方の墓参りに出掛けた週末の三日間、家族は一度も家で先代の霊を見ることがなかったそうだ。

そんなある日のこと。

仲間からの誘いを受けて、ラフティングツアーに出かけることになった。

「漁師仲間のひとりが発起人でね。みんなで行こうって。時期になると毎日海の上にいるからって断ったんだけど、強引に引っ張られちゃって困ったもんだよ」

ゴタゴタはあったが、数人が集まり、最上川のラフティングに参加することになった。

二台の車に分かれて乗り、県を跨ぎ、着いたのはあるアクティビティ業者の受付。

そこで、説明を受け、二手に分かれてゴムボートに乗り込んだ。

「思ったより急な流れでね。でも、インストラクターがボート一艘につきひとり付き添って、オールでもってボードをコントロールしてくれるから、水の上のジェットコースターみたいだって友達の娘も楽しんでたのよ」

ゴムボートは二艘で出航し、何度かぶつかりそうにもなったが、その都度、インストラクターが慣れた手つきでお互いを離していった。

そして、最後の急流に差し掛かったとき、またゴムボート同士が衝突しそうになった。

——うわっ！

片方のボートから悲鳴とも驚きともつかない声が上がった。

「急流って意外とうるさいのよ。それでもこっちに聞こえるくらいの大声で叫んだもんだから、やっぱり気になるじゃない。俺ら全員であっちのボートはどうしたんだろう？　って首を傾げてさ」

そのボートの乗った友人たちはオールを抱きしめる形でその場に蹲《うずくま》り、激しいボートの揺れにもアクティビティを楽しむ悲鳴すら上げなくなってしまった。インストラクターも、怪訝な顔で黙々とボートをゴールの場所へ近づけている。

あちらのインストラクターがこちらのインストラクターに何か合図をして、相沢さんの乗るボートもすぐにゴールの岸に寄せられた。

「少し遅れて岸に上がってさ。で、どうした？　って地面に大の字で寝転んでる友達に駆け寄ったんよ。したら、お前んとこの爺様がいたって。水中から顔出して笑ってたって」

そして、友人たちは口々に殺されるところだったと相沢さんに文句を垂れてきた。

なんでそう思うのかと問うと、友人たちは自分の足首を見せてきた。

そこには、掴まれたような痕があった。要は、川に引きずり込まれそうになったのだ。

「んな馬鹿なことなぁ。そりゃよーく見りゃ手形にも見えなくねぇ。でも、急流で何かにぶつかって赤くなったんだって言い返してよ」

しばらく押し問答のような言い合いが続いたが、インストラクターから声が掛けられて振り向いたとき、相沢さんは絶句してしまった。

「ゴムボートに両手でついた手形が付いとったんよ。それがな」

片方の手跡には親指と薬指が無かったそうだ。

「オヤジ、漁の最中にその二本、網で切り飛ばしてるんだよ……」

あれから、何が切っ掛けかわからないが、先代は鳴りを潜め、誰にも目撃されることはなくなった。

しかし、次にまた水と関わったら引きずり込まれてしまうかもしれないと思った相沢さんは、早々に漁師を引退して、今は子どもが継いでくれるのを心待ちにしているということだ。

最上川（写真 AC）

犀川《さいがわ》（石川県）

犀川は金沢市を流れる川で、石川県を代表する川の一つである。

延長は約三十五キロメートル、流域面積は約二百五十平方キロメートルに及ぶ。金沢市南端の奈良岳から発し、北へと流れて日本海に注ぐ。その流域には金沢市をはじめとする主要都市が広がっている。

金沢市においては、犀川沿いに多数の観光地が点在する。これらの観光地には、金沢城公園、兼六園、金沢21世紀 美術館など、市の象徴的な観光地が含まれている。

さらに、犀川はその周囲の美しい自然環境や歴史的な風景から、「日本の音風景１００選」に選ばれている。四季折々の風景が楽しめ、特に春には桜の名所として知られている。

これらの特性から、犀川は金沢市の風景、歴史、文化の一部として、市民によく知られ、親しまれているのである。


四十年以上も前のことだというから、一九八十年代前半の話だ。

当時小学一年生だった智徳《とものり》君は、夏休みのある日、仲間たちに誘われて犀川河川敷花火大会に来ていた。

現在は開催されていない犀川河川敷花火大会は、当時、川の下流から上流に向かって、河川敷に屋台が立ち並び、終点にはステージが組み上げられ、イベントが開かれるような、地元の人間のみならず他県からもたくさんの見物客で賑わう大きな祭であった。

片町の犀川大橋の袂《たもと》から歩き始め、上流に向かって、ひたすら歩いていた。

時折、打ちあがる花火に歓声が上がり、あたりを一瞬明るくする。

小腹がすけば、目の前にある屋台でお好み焼きを買ったり、クレープを食べたりして、友達と祭り特有の雰囲気を楽しんでいたそうだ。

そんなとき、彼の視線がふと、ある屋台に止まった。

金魚すくい。

ちょっとやってみたいと言うと、仲間たちも興味を示し、しばらくは、水槽の中の小さな命を掬うことに興じていた。

と、そのとき。

黒の出目金がパシャっと水面から勢いよく跳ねたかと思うと、智徳君の顔面を直撃した。

慌てて視界を拭い、頬を拭う。

きっと友人たちに指をさして笑われるだろうと覚悟し、瞼を開けようとした瞬間だった。

辺りから人の気配と喧騒が消えた。

驚いて目を開けると、辺りは真っ暗で誰もいない。もちろん、一緒にいた友人らも姿を消していた。

ただ残されたのは、右手に持っていたポイと金魚が入るはずだった器。それらが足元に落ちているだけ。

いったい自分がどうなったか想像もつかず、泣くことしかできなかったという。

決して多くはない外灯を頼りに、智徳君は泣きながらもと来た道を戻っていった。

どのくらい歩いたか、突如として母の怒鳴り声が彼に浴びせられた。

汗だくになった母は、智徳君を抱きしめ、猛烈に叱ったのだそうだ。

訊くと、夕食のあと、姿を消したのだという。

誰にも行く先を告げず、外出することも大人に断らず、いなくなったのだと教えられた。

捜索願が出され、事態は深刻なものとなっていた。

とにかく、その晩は無事に保護され、家に帰ることができたが、両親は近所に謝り、警察に頭を下げるなど、大変に忙しかったのだと、あとになって知らされた。

夏休みが明け、教室で犀川河川敷花火大会に誘ってくれた友達にそのことを訊くと、誰もが口を揃えて、誘った覚えなどないと主張した。

不思議だったのは、犀川河川敷花火大会はとうに終わっていて、彼が行方をくらましたのは、祭の翌週のことだったそうだ。

以降、智徳君は、花火大会には行かなくなってしまったが、毎年六月に開催される百万石まつりには参加し続けている。今では子供の手を引きながら、祭りを楽しんでいるとのことだ。

◆

もう一話、犀川に纏わる話がある。

五十代の瀧本さんという男性は、十七年前の夏、奇妙な体験をしたことがあるそうだ。

彼には、定期的に犀川近くの菩提寺へ墓参りに行く習慣があった。

先祖への敬意もあるが、主に寺を継いだ高校時代の親友に会いに行くためだ。

つまり、夜に飲みに行くついでに、墓に手を合わせているというわけである。

その日も彼は、夕暮れ時に、件の寺を訪れた。

本当は本堂から蝙蝠《こうもり》が飛び交う時間帯は避けたかったが、真昼の暑さから逃れるために選んだ時間だった。

それでも流れる汗を拭いつつ、山門を潜る。

手桶を一手に握りしめ、中の水と柄杓が微妙に揺れる音を立てつつ、墓の前に立ったときだった。

その墓は一つの区画の終端に位置しており、その脇は長い通路となっている。通路は最後で左に折れていた。

その角にひとり、誰かしゃがんでいる姿が見えた。

薄暗い中、影と形しかわからなかったが、なんとなく不気味な雰囲気だった。

とはいえ、遠くにいる他人。あの人も墓参りでもしているのだろうと、瀧本さんは深く気にすることもなく、墓の清掃を始めようとした。

そのとき、彼の頭上近くを蝙蝠が飛んだ。

吃驚《びっくり》した瀧本さんは、よろめいて脇の通路に一歩、足を踏み出した。

と、例の影が目に入った。一瞬前まで墓に向き合っていたはずが、今は墓に背を向け立っている。

いったい何をしているのだろうと、瀧本さんは興味に引かれ、その影を注視した。

そのシルエットは、本来は肩まである長さの髪がぼさぼさに乱れ、異常なまでに痩せ細っている。そして何より最も目を引いたのは、地面まで着こうかというほど長い両腕。

その瞬間、やはり影の近くを舞う蝙蝠が、その影が伸ばした異様に長い手に捕らえられた。

あっ、と短い悲鳴を上げる瀧本さんのことなど気にすることもなく、その影はバリボリと蝙蝠に噛みつき咀嚼し始めたのだ。

そして、瞬く間に蝙蝠を飲み込むと、辺り一帯に響き渡るような大きいゲップをした。

すぐに瀧本さんの周囲にも、魚の腐ったような異臭が漂い始めた。

あまりのことに身動きさえ取れない瀧本さんなどまったく気にならない様子で、影は二匹目の蝙蝠を食い始めた。

そして、再び大きなゲップ音を響かせると、ふらりと、左に歩き出した。

どこに行くのかと見守っていると、影はまるでそこに階段でもあるかのように、地面に降りて消えていってしまった。

慌てて、小走りでその場に駆けつけたが、影の姿はなく、角には蝙蝠の小さな破片が散らばっているばかり。階段などどこにもなく、そこはただの地面だった。

「あの、どうしました?」

一体何が起きたのか理解できず、きょろきょろとするだけだった瀧本さんに、背後から声がかけられた。

振り向くと、本堂の濡れ縁に親友の妻が立っていた。

「いやそれが……」

今あったことを話して聞かせようとしたが、信じてもらえるわけもない。瀧本さんは黙っていることにして、彼女に旦那と飲みにきた旨を告げた。

親友の妻は、待っててください、とひとこと残し、奥へ歩いていった。

そこから半時も過ぎたあたりで、やっと袈裟《けさ》姿の親友が顔を出した。

「悪い、待たせた」

「いや、そんなことよりさ」

その程度のことで珍しく謝る親友であったが、きっといつものように檀家の相手でもしていたのだろうと想像し、今あったことをつまびらかに伝えた。

「それ本当？　ちょっとここに居て」

言うや否や、親友は本殿に行くと、巻いた画用紙のようなものを手にして戻ってきた。

「何それ？」

「これがお前を待たせた理由だよ」

巻物を指さして問う瀧本さんに、親友は昼間のことを話し始めた。


昼食後に、檀家から頼まれた塔婆《とうば》を書いていると、玄関の方で声がする。

何事かと出てみると、暑さからなのか、池から這い出てきたような滝汗をかいている青いTシャツとジーンズの特徴のない男が山門に立っていた。

驚いて屋内に招き入れたが、どうにも顔色が悪く、立っているのもやっとという様子。

いったい何があったのかと尋ねると、その男は手に持っていた大きな画用紙を差し出して、自分のことは良いから、これを早く供養してくれと頼んできた。

彼によれば、これを辰巳《たつみ》ダム付近の犀川で拾った後から、次第に具合が悪くなり始めたとのことだ。ひどい日には歩けないほどまで衰弱してしまったが、今日は何故か少し調子が良く、自宅から一番近いこの寺を頼ることにしたそうだ。

男の真剣な表情から、何か大変なことが起きていると悟った親友は、引き受けることにして、画用紙を受け取り、本堂に保管したということだ。

「で、これだ」

親友が広げた画用紙には、地獄絵が描かれていた。地獄の鬼に責め苦を受けている餓鬼は、腹こそ出ていないが、あの影を彷彿とさせた。

「それ、いわく付きってこと?」

震える指で絵を指さし、親友の顔色を窺った。

「いや、それはわからない、というかあの男からは拾ったとしか聞いていないんだ」

親友は首を横に振った。

「だったら、今からでも遅くない。探し出して、突き返すべきだ。そんな恐ろしいもの」

心配になった瀧本さんは親友に訴えた。

「いや、それは無理な相談だよ」

親友は、友人の言葉を受け、さらに首を横に振り、肩をすくめた。

「なんで？」

「その男が死んだからだよ。今しがた警察に写真突きつけられて根掘り葉掘り。足取りを確認しているとかなんとか。寺のパンフレットを持っていたからって話を伺いに来たんだとさ。すぐそこの犀川で溺死だって。うちの寺に寄ったその足で溺れたらしいよ」

瀧本さんは唖然として二の句が継げなかった。

「それが、お前を待たせた理由」

瀧本さんは完全に飲みに行く気分を削がれてしまい、その日は親友に挨拶するだけに留め、おとなしく自宅に帰っていったそうだ。

犀川（著者提供）

鬼怒川《きぬがわ》（栃木県・茨城県）

鬼怒川は、関東地方を流れる利根川水系の一級河川である。全長は約百八十キロメートル、流域面積は広大に及ぶ。栃木県日光市に位置する鬼怒沼に源を発し、茨城県守谷市を貫流し、利根川に合流する。

どちらかといえば、鬼怒川温泉の方が有名で、沿線の観光名所として多くの温泉地が点在している。また、中流部では広い河原を持ち、夏季には鮎漁で賑わう。さらに、鬼怒川の流域には多くのダムや発電所が設置されている。

今から二十年以上も前の話だ。

当時二十代の片岡さんは、大型連休中、彼女に誘われて鬼怒川温泉へ遊びにきていた。

鬼怒川公園駅で下車し、徒歩圏内にある宿を、彼女が予約してくれたのだ。

片岡さんは二つ返事でその計画に付き合った。

宿泊予定の旅館は鬼怒川沿いで、眼下には川が流れ、景観も素晴らしく、長い休暇を過ごすにはちょうど良い場所であった。

昼間はトリックアートに騙されたり、川下りに興じたりして楽しい時間を過ごした。

夕方、早めの夕食を取り、少しだけ仮眠を取ると、片岡さんたちは夜の散歩に出掛けた。

鬼怒川の渓谷美は見事なもので、両サイドに立ち並ぶ旅館やホテルの照明が、より一層幻想的な風景を描き出していた。

片岡さんとその彼女は、くろがね橋を渡りながら夜景を楽しみ、温泉街の夜の空気を肌で感じつつ、具体的な目的など決めずに歩いていた。

くろがね橋のひとつ下流の橋を渡り、ちょうど自分たちが泊まっているホテル側に戻ろうとしたときだ。

橋の欄干に人影がひとり、よじ登るのが見えた。

その人影は、周囲が外灯やホテルの照明で明るく照らされているにも拘らず、真っ黒い人型としか認識できなかった。

影はすぐに欄干を登りきり、その上に立つと、両の腕を大きく空に突き上げた。

片岡さんが、『アレ』はいったい何をしているのだろうかと目を凝らした瞬間、不意に誰かが叫んだ。

「誰か飛び込んだぞー！」

驚いて声がした背後を振り返るがそこには誰もいない。

『アレ』が欄干に上っていたのを見たばかりだ。

もしかすると、今の状況で飛び込むとしたら『アレ』かもしれないと片岡さんは考えた。

しかし、橋の方を振り返ると、先ほどの黒い人影は消えており、飛び込んだ形跡もない。ただ無言で続く橋の暗がりだけが見えた。


「ねぇ、誰が飛び込んだんだと思う?」

呆然としていると、片岡さんの右肩が急に生温かくなった。

それは、誰かが片岡さんに耳打ちをするために、あごを片岡さんの肩に載せた感覚だった。

男とも女ともつかないそれに、片岡さんは動くことができなかった。

そういえば、さっき振り返ったとき、手をつないで後ろに立っていたはずの彼女の姿はなかったように思える。

慌てて、突如として話しかけてきた者から距離を置くため、一歩退きながら振り向くが、やはりそこには誰もいなかった。

心配になって、片岡さんは橋の中央へと急いだ。

先ほど黒い人影が欄干に登ったその場所から下を覗くと、月の光に照らされた鬼怒川の岸辺には、不規則に散らばる岩が点在していた。

岩は湿っていて光を反射しており、その間に、彼女が横たわっている。

片岡さんは、しばらくパニックに陥り、右往左往するだけだったが、周りの人たちに助けを求めたあと、泣きながら携帯電話を取り出して警察と消防に連絡をした。


すぐに大騒ぎになった。

周囲の観光客や地元の人々が集まり始め、不穏な空気が漂う。

救急車のサイレンが遠くから聞こえ、警察車両の到着で一層騒がしくなる。

生きているか、はたまた手遅れになってしまっているかもわからない彼女を引き上げるため、片岡さんは駆けつけたレスキュー隊員と共に、橋の真下へと大回りをして降りていった。

緊張感が高まる中、片岡さんは薄暗い川岸へと急いだ。

どうにか彼女の下へと寄ってみると、気を失っているだけで呼吸は落ち着いたものだと、レスキュー隊員のひとりが太鼓判を押してくれた。

病室に運ばれ、しばらくして意識を取り戻した彼女から聞けたのは、夜散歩をするために片岡さんとホテルを出たところまでの記憶だったそうだ。

「結局、何が起きたのか、今でもぜんぜんわかりません。ただ、あのとき『誰か飛び込んだぞ』って言う叫び声。当時は、混乱していてそれどころではなかったのですが、地元に帰ってきて冷静になったときに気がついたんです。あれって彼女の声だったなって」

そのあと、彼女の笑顔がどうにも不気味に思えてしまい、そのまま交際を続けるのは無理な気がして、別れを切り出したのだと片岡さんは話してくれた。

鬼怒川（写真 AC）

気田川《けたがわ》（静岡県）

「キャンプ場?」

「うん、職場で遅めの夏休みを取ってさ。暑さも和らいできてたんで、妻と小学生の娘と幼稚園の息子、四人で車に乗って静岡へね。ん? あぁ、俺が運転手ね」

「そういう場所、よく知らないんですけど、どんなところなんですか?」

「川に沿って広い河川敷があってね、そこに車停めてさ。一応、駐車場らしき白線で区切られた区画もあるんだけど、客は思い思いに場所を取るから車は点々としてて、その横にテントを張る……みたいな感じかな」

「じゃあ、他の人を気にする必要がなさそうですね」

「あぁ、他にも俺と似たような境遇なのかねぇ、何組か家族連れがいるくらいで、本格的なキャンパーはいなかったよ。気田川も増水してなくて、逆に干上がり気味でさ」

「気田川?」

「そう、気田川。天竜川って知ってる? そそ、龍神伝説で有名な川。さすが怪談作家だよね。それに合流する川でけっこう大きいんだよ。カヤックっていうの？　普段はそういうスポーツをやってる人がいるらしいんだけど、その日は水位が低いせいなのかいなくてね。深さが膝下くらいしかないから、川辺で子どもを遊ばせるにはもってこいだったよ」

「そんな中、変な体験をした、と？」

「そうねぇ。夕暮れに差し掛かったあたりで、遊び疲れて一度テントに戻ろうってなったんだよ。食事もまだだったし。それに……何となく空気が変だったんだよ」

「というと？」

「暗くなってきたからそんな気がしたっていうのもあると思うんだけど。なんだかここに居ちゃいけないような……家に帰った方が良いような……」

「わかります。通されたホテルの部屋がなんだか気持ち悪くて、と始まる怪談もよくありますから。で、車に戻ったと」

「いや、それが突然……ドボンッ！　ってすごい音がして。川辺にいた他の家族も同じタイミングで自分たちの車やテントに引き上げ始めてたんだけど、みんな一斉に振り向いたんだよ。俺なんか、ドボンッのドの字あたりでもう後ろ向いてて」

「すごい反射神経ですね」

「そりゃ草野球で鍛えてるからね。で、誰か川で倒れたのかと思って走り出そうとしたんだけど、最初の一歩で立ち止まったんだ」

「どうしてですか？」

「とんでもない高さまで水しぶきが上がってたからさ。人ひとりが倒れてどうこうなる量じゃない水柱ってくらいの水が跳ね上がってたんだ。次に辺りを見回してみたんだよ、誰かでかい石でも投げ込んだんじゃないかって。でも、そんな素振りをした奴なんか見当たらなくてね」

「対岸に誰かいたとか？」

「いや、いなかったね。山っていうか森みたいなのが広がっていて、車とか入れそうにもなかったから。で、十秒くらいしてから、豪雨みたいな水が辺り一面に降り注いだんだよ、さっきの水しぶきが落ちてきたんだろうね」

「人じゃないのはわかったんですけど、じゃあ、何だったんですか？」

「確認しなかったよ」

「え？」

「できなかった、したくなかったっていうのが正しいかもね。人そのものではない。じゃあ、岩でも投げたかってことだけど、それじゃあそんな巨大な岩を投げられる奴だって人じゃない。怖くなって、みんなテントに逃げ帰ろうとしたとき、水しぶきが上がった中心あたりから、赤黒い血のようなものが、一気に浮き出てきて水面に広がったんだよ」

「それじゃ近寄って確認しようにも……」

「できないできない、怖くて。だいたい、園児や小学生が遊べるような浅瀬に上がる巨大な水柱って何だろうな？　あとから調べて知ったんだけど、人間ひとり分の血液って四リットルから五リットルくらいなんだってな。思い返してみりゃ、あの血みたいなものってそのくらいだったかもって」

「そのあと、どうしたんですか？」

「他の家族同様、ＢＢＱもせずに逃げ帰ったよ。次の長期休暇なんていつ取れるかわからないから、もったいないことをしたよ。運がなかったのかな」

「運がないというか、その場所には何かがいたんじゃないですか？　それに、家族はどう思ってるんですか？」

「……あの日のことを家族で話すことはないよ。妻も自分から話題にしようとしないし。でも時々、子供たちが『赤い川でまた遊びたい』ってねだるんだ。子供たちにはどう見えていたのか、それが本当に怖いよ……」

気田川（写真 AC）

相模川《さがみがわ》（山梨県・神奈川県）

相模川は、山梨県から神奈川県にかけて流れる川で、関東地方を代表する川のひとつである。山梨県の山中湖から発し、半円を描きながら南へと流れて相模湾に注ぐ。その流域には、相模原市・厚木市をはじめとする主要都市が広がっている。

相模川においては、相模湖沿いに多数の観光地が点在する。これらの観光地では、湖上遊覧、釣り、ハイキングなど、多岐にわたるアクティビティが楽しめる。遠足で訪れたことがあるという人も多いだろう。

それが起きたのは、今から十年ほど前のことだそうだ。

当時、三十代の辻さんは営業職に就いていていて、毎日を忙しく過ごしていた。

仕事柄、毎年夏になると出張に次ぐ出張で、ほとんど家に居ないのが通常であったが、当時は不況のせいで商談の数が減り、客先に赴くことが少なくなった。

営業成績の良し悪しで給料が変動するので、当然家計は苦しくなっていく。彼は小学校に入学したばかりの娘と愛する妻を優先し、自分の小遣いを減らした。結果、平日は飲みの誘いを断り、休日は家でごろごろする毎日に変わったが、それでもまだ金銭面では家族に負担をかけていた。

その年の夏のこと。

夏休みで暇そうにしている娘を眺めながら、辻さんはふと思い立ち、川遊びを計画した。これならば、出費も抑えられる。思い返してみれば、娘を自然豊かな場所に連れていった記憶もない。きっと娘も喜んでくれるだろうと口角が上がる。

「今度の土曜日、相模川の河原にでも行って子どもを遊ばせないか」

「あら、良いわねぇ。じゃあ、お弁当を用意するわね」

風呂を出て、寝室でスキンケアに余念がない妻が振り向いて、彼の提案に同意した。

「ありがとう、頼んだよ。俺はもうちょっとニュースを見てから寝るよ」

辻さんは、リビングに戻る途中で子ども部屋を覗き、娘の寝顔を確認して微笑むと、そっと扉を閉めた。


週末になると、辻さんは自転車の後ろに娘を乗せ、相模川へ向かった。後ろには、同様に自転車で妻が続く。彼の家から川までは、車の通りもあるので、歩道を走ったり路肩帯を進んだりして目的地を目指した。

砂利が広がる岸辺沿いに自転車を停める。曇っているとはいえ、けっこうな暑さで額から頬にかけて幾筋もの汗が流れた。

水辺に近づくと、川独特の匂いが鼻をくすぐる。周囲には、ジョギングをする者、キャッチボールを楽しむ者、自分たちと同じように家族連れで来ている者など、様々な『客』が視界に入った。

そんな中、家族三人は連れ立って平たい石を投げて水切りに興じたり、小さな魚を追いかけて捕まえようとしてみたりして、川遊びを楽しんだ。

「ねえねえ、パパ。あれ、なあに？」

そんなとき、娘が河原の一角に砂利が堆積している場所を指さした。

娘の言葉に視線を動かすと、そこには石像のような石が転がっていた。

上流から遠い地点だからか、すっかり角は削れてしまっていて、全体的に平べったい。

「うーん、そうだね、これはね……」

娘にちゃんと説明しようと、石に近寄って持ち上げてみる。

抱きかかえた感じ二十キロほどのそれは、背に文字のようなものが刻まれていた痕跡がうっすらと残る。表側にも、なんとなくではあるが、凹凸の名残りがあり、元は人型を形作っていたと推測された。

「お地蔵様だよ」

「なになに？　どうしたの？」

妻も仲間に入ってきて、辻さんの懐を覗き込んだ。

「この子がこれは何かって。で、地蔵だよって」

「あー、たぶんそうじゃない？」

「そっか、おじぞうさまなんだ」

両親が意見を一致させているのを耳にして、娘も納得する。

そのとき、ふと辻さんの脳裏に昔の記憶が甦った。


それは辻さんが小学五年生だったときの思い出だ。

当時、関東ではない場所に住んでいた。

彼の通っていた学校の近くを流れる川が、台風の上陸に伴う豪雨で増水した際に、上流から流されてきたのか、ラグビーボール大の石が河原で発見された。その石は道祖神のような変わった形をしており、皆一様に不気味がっていた。

だが、辻さんの友達のひとりが、強く興味を惹かれたようだった。

「あ、これ、オヤジを呼んで近くの寺に持ち込んでみるわ」

周りからは、止めた方が良いと口々に説得されたが、その友達は翌日の放課後には父親を伴って河川敷を訪れ、件の石を回収した。

その後、友達の家は宝くじでも当たったかのように羽振りが良くなり、父親は会社から独立して都会に引っ越していってしまった。

「あれは、きっとご利益があったのだろう」

そんなことを近所の人々は噂していた。


辻さんは、妻にこのことを話して聞かせた。要は、あのときの友達のように、この地蔵らしき石を持ち帰って、寺か神社に持ち込もうという腹づもりだった。

あわよくば、ご利益にあずかろうというわけだ。

「いいんじゃないの？　でも、あなたが持っていってよ」

妻は、半分は同意するものの、どこか面倒くさいと敬遠しているようでもあった。

そして、お弁当を家族三人で平らげると、そろそろ帰ろうかということになった。

川辺で過ごしていても、真夏に長時間屋外にいることは危険だ。それに、空を見上げれば、家を出たときよりも一層厚くなった雲が、今にも豪雨を降らせそうだったからだ。


石を買い物かごに乗せ、朝と同様に娘を後ろに座らせて、自転車を走らせた。

妻は、やはり後ろをついてきている。

「そこの自転車、止まりなさい！」

不意にスピーカーから発せられる電子音のような男性の声が響く。

パトカーだった。

驚いて自転車を停めた。自分たちには、何か悪いことをした心当たりはない。

「なんですか？　普通に走っていただけなのですが」

妻の自転車のすぐ後ろに停められたパトカーから降りてきたふたり組の警官に向かって辻さんは、文句でもあるかのような不機嫌な口調で問うた。

「あなたね、前のかごなんかに子どもを乗せちゃ駄目だよ！」

若い警官と、年配の警官。その年上の方が、開口一番、喧嘩腰で食ってかかってきた。

「はあ？　いったい何を言っているかわかりませんね。だいたい、うちは子どももひとりしかいませんよ」

理解ができなかった。娘は後ろに座って足をぶらぶらとさせている。それに、指摘のあった前のかごには、地蔵と思しき石が積まれているだけ。

ふと見ると、年配の警官の後ろ、若い警官も困惑しているような表情を浮かべている。

「どうしました？」

若い方に辻さんが水を向けると、はっとした彼は前に立つ年の離れた先輩警官に何やら耳打ちをした。

「お前、何言ってるんだ？　よく見ろ！」

年配の警官が辻さんが乗っていた自転車の前かごを指差すが、誰も意味がわからない。

「あの……先輩、どういう？」

「だからさ！　ここに子どもがいるだろう！」

辻さんと年配の警官は言い合いになり、ループするような口論に発展してしまった。

いつの間にか応援も呼ばれてしまい、警官が三人も増えている。

だが、それは若い警官が年配の警官を取り押さえるために呼んだものだった。

「す、すみません。この人、なんか暑さでどうかしちゃったみたいで」

謝る若い警官の後ろでは、新たに呼ばれた警官たちが年配の警官を羽交い絞めにしてパトカーに乗せようとしていた。

しばらくして、ただひとり怒り狂う警官を乗せ、他の警官たちは首をひねりながらパトカーで去っていってしまった。

「いったい何だったんだ……」

どっと疲れた辻さんたちは、寄り道などせずに家へと帰っていった。


「気持ち悪いことがあったね」

妻が台所で弁当の容器を洗いながら、話しかけてきた。

「明日、日曜だし、早めに起きて世話になっている菩提寺に持っていくよ」

「お願いね」

そんな話をした翌朝、辻さんは会社からの急な呼び出しで、職場に駆けつけることになった。クレームが入ったのだ。納品した商材に不備があった。その差し替え要求と、検品態勢を問題視されたため、その対応に追われた。

気がつけば、社に泊まり、着替えを取り換えるだけに帰宅するという毎日が続き、半月が過ぎていた。

そんな夏も終わりかけたある夕方。

クレーム処理から解放され、帰宅した辻さんは久しぶりに酒を飲み、居間で横になっていた。

――ばたばたばたばた！

「パパー！」

「うわ、どうしたんだ？」

急にギャン泣きした娘が居間に駆け込んできて、辻さんにしがみついた。

「あのね、あのね」

よほど嫌な思いをしたのか、娘はしゃくりあげてしまい、なかなか話せないでいる。

「おじさん……しらないおじさんがね、ぐすっ……はげたおじさんがね、いてね、ぶったの」

どうにかなだめすかし、事情を聞き出してみると、娘は以下のようなことを話してくれた。

ひとり、部屋で遊んでいると誰かが後ろを通った気がした。不思議に思って振り返ってみると、そこには見知らぬおじさんが立っていた。

びっくりして悲鳴を上げようとしたら、驚かせてごめんね、と謝られた。

自分はきみのお父さんに招待された者だ。家が広いから迷ってしまった。そうだ、お父さんが帰るまで自分と一緒にかくれんぼをして遊ばないかと誘われた。

そこで、二階をかくれんぼに使ったが、すぐに見つかってしまった。

あまりにも早かったので、ずるい、もう一回おじさんが鬼をやってよ、と強請《ねだ》ると、いきなりぶたれて、次はお嬢ちゃんの番だよと言われた。

それで怖くなって、泣いて逃げてきた。


家には、自分、妻、娘の三人しかいないはず。

ならば、泥棒ではないか。

すぐさま娘に、そのおじさんはどこに行ったかと聞けば、居間の隣、子ども部屋に入っていったのだという。

慌てて、台所から果物ナイフを持ち出して子ども部屋に入り、クローゼットやベッドの下を確認するが、いない。

娘は依然として泣いている。

子ども部屋には、庭に面した掃き出し窓があった。ここから逃げたのではないかと、カーテンを開け、窓から外を覗くと、すぐ左下に例の地蔵が置かれていた。

どうしてここにと思ったものの、今はそれどころではない。

辻さんは家探しをしたが、おじさんどころか虫一匹すら見つけることはできなかった。

その後、泣き止んだ娘を寝かしつけると、妻に地蔵がどうして庭で雨ざらしになっているのかを問うた。

すると妻は、玄関に立て掛けられていて、ずっと邪魔だったからだと、教えてくれた。

そういえば、そんなこともあった。しまった、こんな失礼なことをしてしまっては、ご利益がなくなってしまうと後悔した。

翌日曜日。

辻さんは、地蔵を菩提寺に持っていった。

自分が小さい頃から世話になっている住職に、石を見つけた経緯を話して実際に見てもらうと、住職は微妙な顔になり、辻さんをじっと見つめると、口を開いた。

「これ、お地蔵様や道祖神ではないですな。…………墓石です」

彼によれば、おそらくは水子を供養するようなものではなく、はるか昔、それこそ江戸時代に行き倒れた旅人を祀った墓石だろうということだった。

「持ってきて良かったですなあ」

住職は笑顔になって続けた。

「え？　それはどうしてですか？」

驚く辻さんから視線を外し、寺の墓地を眺めた住職はさらに続けた。

「地蔵様などは悪さはしない。でも、これは墓石。粗雑な扱いをしたとのこと、そのまま放置していたら、娘さんばかりではなく、もっとひどい目に遭ったはずですよ。警官は子どもとして見ていたが、娘さんはおじさんにぶたれたと言っていたということは、墓石には少なくともふたり、ともするとそれ以上の人が入っていたのかもしれないです」

――それに。

「ここ神奈川には悪意を籠めた物をわざと拾わせて、呪いを無差別に他人へ移すようなことがある。硬貨なんかが多いですかな。もちろん、その石のような場合もある」

そんな言葉をかけられ、ぞっとした辻さんは住職に石の供養をお願いすると、足早に寺から立ち去ったということだ。


翌日、辻さんの元に住職から連絡があった。

仕事中で出られなかったのだが、留守電を確認すると、供養しようとした墓石がいつの間にか消えてしまっていたというのだ。

いよいよ恐怖した辻さんは、その後、菩提寺に何年も近寄らなかったそうだ。

それでも菩提寺。先祖の墓があるので、定期的に連絡を取らないわけにはいかない。何度か墓の管理費の支払いのタイミングで電話で話すことがあったそうだ。

その中で、住職は墓参りに来る方や、寺に出入りする業者さんたちに、墓石のことを話していたと聞いた。

住職としては、また同じような石を発見する者がいるかもしれないと考えていたようで、探し人ではないが、見かけたら持ってくるようにとも頼んでいたらしい。

すると、とある檀家さんから、登山したときに話にあったような石を見つけたと一枚の画像が送られてきた。

それを確かめるため、住職から辻さんのスマートフォンへ画像が送られてきたのだという。

「それがこれなんですけどね、ほら」

差し出されたスマートフォンの画面には、巨木を背に辻さんの娘さんが棒立ちしている姿が写っていた。

「どう思います？　送られてきたときは、たしかにあの石だったんですけど、友達に見せるためにもう一度表示させたらこうなっていて」

それからというもの、辻さんはなんとなく娘が今までの娘ではないような気がして、父親としてちゃんと接することができなくなってしまった、ということだ。

相模川（写真 AC）

長者川《ちょうじゃがわ》（高知県）

長者川は一級河川仁淀川《によどがわ》水系の支川である。長者の棚田は、かのマチュピチュを上回る景観とも評され、観光名所のひとつとして数えられている。主流である仁淀川は、二〇一〇年には水質全国一位とされ、「仁淀ブルー」と呼ばれる青く美しい水面の滝壺や淵の立て役者となっている。


さて、その仁淀川には国際的な大会が毎年催されている。

水切り、というやつだ。

誰もが一度はやったことがあるだろう。河原に落ちている石を水面に投げて、石が水の上を弾んで飛び進むのを楽しむ遊びだ。

毎年、百名以上の参加者が集うこの大会は、二〇〇四年に初めて開催されて以来、既に二十年以上が経過し、今もなお盛況を極めているという。

東京都下に住む名賀さんは、この水切りにかなりの自信があった。小学校の頃は、自転車の距離にあった多摩川の河原で友人たちと何度も競い合った。一番跳ねたのは、いつも名賀さんの投げた石だった。二番手の子の倍近くも跳ね進むので名人と呼ばれていた。

しかし、名賀さんには十年ほど前に不可解な出来事があり、それ以後水切り自体を避けているという経緯がある。

ある日、名賀さんはインターネットで水切り大会が開催されることを知った。その腕前に覚えがある彼は、即座に出場を決意し、応募手続きを済ませた。応募後、すぐに主催者から返信があり、無事に大会出場が確定した。

その後、大会前々日から仕事を休み、高知県入りをする。高知駅前で宿を取り、レンタカーを借りて仁淀川へと向かった。

しかし、ナビに従いながら進んでいると、実はその場所は長者川と仁淀川がすぐ傍にある地点だった。看板が工事中で取り外されていたため、彼は自分が着いた場所が長者川だと気づかなかった。

彼は大会直前まで練習をするつもりだったが、実はここで重大なミスを犯していた。仁淀川だと思って練習していた川は、実は長者川だったのだ。それに気づかないまま、名賀さんは長者川で昼から夕暮れまで練習に励んでいた。

そろそろ日没が近くなってきて、名賀さんが引き上げようとした最後の一投のときだ。

——ピッピッピッピッ………カンッ！

投げた石が、水面の上で何かに当たって跳ね返った。

何事かと疑問に思い、目を凝らした。だが、何かがおかしい。

石は鋭角に曲がり、手前の方向に折れたところまでは視認できていたが、その後、まるで空間が歪んだかのように消えてしまった。

はて、いったい何に当たったのだろうか？

名賀さんは、不思議に思ってザブザブと川中へ進んでいった。

膝下ほどの水位の中、石が跳ね返った地点まで来たのだが、大きな岩もなければ、流木等が川底につっかえている様子もない。

あれこれとぶつかったはずの何かを探すのだが、一向に見つけることはできなかった。

元々、帰る予定だった彼は、諦めて車に戻ると宿泊先のホテルへ引き返した。


ホテルの近くにあるコンビニで酒と肴を買い込むと、部屋に戻り一息入れる。

テレビを点けて、ベッドに横たわりながら、アルミ缶のビールを開封した。

乾き物のパッケージを開き、皿代わりにしてひとり酒宴が始まったそのとき。

——カンッ！

どこかで聞いたような硬い音が部屋中に鳴り響いた。

――ザッ！

次の瞬間、何かを割《さ》いたような音が耳に届いた。

間髪入れず、右頬に堪えがたい痛みが走る。

何か水のようなものが、ベッドのシーツの上にボタボタと垂れていく。

咄嗟に起き上がり、持っていた缶ビールを机に置くと、右手を頬に当てた。

ぬるりと生温かい感触が伝わってくる。直感的に、これは頬が裂けて出血したのだと気がついたのだが、いったい何が原因か見当がつかない。

慌ててビジネス机の上に置いてあったティッシュペーパーを数枚取り出して頬にあてがうのだが、すぐに白から赤に変わっていく。

更に数枚を追加し、内線でフロントに連絡をし、風呂場で転んだと適当な嘘を吐いて救急車を呼んでもらった。

その後、病院で止血をしてもらい十針近く縫い、三時間後にはホテルに帰ってくることができた。すでに、零時を回っていた。

部屋に戻った彼は、隈なく部屋中を探し回り、自分の頬を切った何かを探した。

すると、ベッドと壁の隙間に平たい石を発見した。

それは、どう見ても、あのとき音を立てて消えた水切りに使った石であった。

震える手で石を拾い上げ、目の前にかざした。何度も石を裏表とひっくり返し、その表面を凝視した。そして、石の縁に自分の血が付いているのを確認した瞬間、心底ゾッとした。

その後、どうにも川に行く気が起きず、単にホテルに連泊した彼はそのまま東京の自宅へと帰ってしまったそうだ。

「あれがいったい何だったかは、今でもわかりません。でも、それ以来、水切りで遊ぶことはなくなってしまいました」

頬の古傷をさわりながら、名賀さんは少し表情を暗くした。

球磨川《くまがわ》（熊本県）

球磨川は熊本県を流れる川で、九州を代表する川の一つである。

全長は約百十五キロメートル、流域面積は約千八百八十平方キロメートルに及ぶ。熊本県の水上村、石楠越・水上越から発し、西から北へと流れて八代海《やつしろかい》に注ぐ。その流域には人吉市をはじめとする主要都市が広がっている。

熊本県においては、球磨川沿いに多数の観光地が点在する。これらの観光地には、くま川下りや日本三大急流の景観が含まれている。

さらに、球磨川はその急流や清流、美しい渓谷から、「日本二十五勝」に選ばれている。四季折々の風景が楽しめ、特に夏には「尺アユ」と呼ばれる巨鮎の釣りが楽しめるそうだ。

「今から十五年ほど前の話なんですが」

三十五歳になったばかりの小池さんという男性が語り始めた。

当時、小池さんは熊本県の八代市に住んでいた。

地元のホテルに就職してからは、忙しくも充実した日々を過ごしていた。

しかし、一方で、平凡で何も変わらぬ毎日であるのを否定することもできなかった。そんな日常を送っていた。

自宅に帰ると、主にネットサーフィンで余暇を過ごす。

巨大掲示板へ書き込みをし、ネットニュースを読み、成人サイトを閲覧する。

これもまたありきたりな過ごし方であった。

そんなある日。

インターネットを彷徨《さまよ》っていて目に入ったのが、『うまくやりやがったな』という書き込み。何のことだろうと思い、そのページを読んでみると、あるネットオークションの出品者が話題になっていることがわかった。

売っていたのは何の変哲もない石。しかし、値段は五万円。その商品の説明欄には『わかる人向け』とだけ書かれていた。それが売れたというのだ。

ネット上のオークション利用者たちは、ただの石を高額に設定することで、識者ぶった奴が価値あるものと知ったかぶりをして購入したと見ていた。

「なるほど、そういう売り方もあるのか」

小池さんは、膝を打った。

自分もやってみたい。楽して稼げるのであれば、やらない手はない。

すでに手口はばれてしまっているが、一億人以上いるこの国のどこかに、この事例を知らない買い手はいるはずだ。

さっそく家の近くを流れる球磨川に石を拾いに出ようとした。

と、自室のドアノブを掴んだところで、ある言葉が脳裏に浮かんだ。

――球磨川にあるものを盗んではならない。

去年、亡くなった曾祖父の遺言だ。

病室で、曾祖父は祖父や父に向かって今際の際、思い出したかのようにただひとつの約束を取り付けさせた。

それが、球磨川の物を持ち帰るな、ということだった。

流れる水、根付く生物、そして砂や石。

普段から球磨川の近くを通ったり、岸辺で涼んだりすることは、たしかにある。

だが、曾祖父の件がなかったとしても、球磨川から何かを持って帰るようなことはしていない。

曾祖父の死後、小池さんはこの遺言について何か思い当たることはないかと周りの友達に尋ねたが、皆一様にそんな話は聞いたことがないと首を横に振られてしまった。

その遺言を小池さんは一瞬思い出したが、亡くなる直前で血迷ったか、薬のせいで前後不覚になったのだ、そもそも曾祖父はそこまで球磨川と因縁があるわけではないし、持ち帰ったらどうなるとも教えられていない。

小池さんは、老人の世迷言《よまいごと》と片付けて、球磨川の河川敷へと歩いて向かった。

河原にある石は大小様々、下流ほど角が削れていて丸いものが多かった。

できるだけ見栄えの良い石を十数個見繕ってリュックに入れると、彼は自宅へ戻った。

その後、携帯電話のカメラで石たちを撮影し、写真加工を施して、例のうまくやった奴と同じような文言とともに、ネットオークションのサイトに石を商品として掲載した。

出品を買いたいという連絡が入ったのは、しばらく経ったある日の夜ことだ。

小池さんは、小躍りをして喜んだ。

かかった費用は少しの時間と少量のガソリン代、元手はタダのようなものだ。

さっそく郵送の手配をしようと、机の横にある袖机に手をかけた。

袖机の一番上の引き出しには鍵穴があり、それを施錠すると全ての引き出しが閉まる。

ガチャリと鍵を回し、一番下の引き出しを開けた。

そこには、無秩序に積まれた先日の石があった。

小池さんは注文にあった石を拾い上げて、引き出しを閉めようとした。

「あれ？」

引き出しの隅、ゴルフボール大の丸い石があるのだが、それが斜めに割れていることに気がついた。

詐欺のような商売だが、見た目にはこだわって拾ったつもりだ。

袖机に入れてからは、両親や兄弟、祖父母に何かの拍子に見つからないように、鍵をかけてそのままにしていたはず。

自然な割れ方に見えるが、信じがたい。

「ちょっとそっち側支えて！」

「救急車！　救急車呼べ」

「意識ある？　大丈夫？」

小池さんが呆然としていると、不意に玄関から家族が騒ぐ声が聞こえてきた。

驚いて石を元に戻して袖机を施錠すると、彼は玄関に急いだ。

そこには、頭から血を流して上がり框に倒れ込んだ祖父の姿があった。

「何があったの⁉」

心配し駆け寄った小池さんは、祖父に肩を貸していた父に問うた。

「爺さんが言うには熊に襲われたんだと」

「はあ？」

小池さんが呆れた声を上げたのも無理はないこと。

たしかに、熊本県や球磨川と言った地名には「くま」が入っていていかにも熊の生息地のように思えるが、実態はほとんどいないと言われているのだ。一説には九州の熊は絶滅したのではないかと囁かれるほど。

とはいえ、獰猛な動物にやられたのだと証言する者がいる以上、捜索をしつつ対策をしないわけにはいかない。

警察が呼ばれ、騒ぎにはなったが、結局、熊どころか、それらしき足跡などの痕跡すら発見されなかった。

翌日には、結論として、祖父が何か足でも滑らせて怪我をしたときに、記憶が混濁して勘違いをしたのだ、というところに落ち着いた。

それでも、祖父は病室のベッドの上で、熊に襲われたのだと主張を変えなかった。

このことが、家族から疑いの目を向けられる切っ掛けになった。

「ねぇ、あんた、もしかして、川から何か持ち帰ったんじゃない？」

祖父を見舞った帰り、祖母に問われた。

「…………」

「やっぱり！　おかしいと思ったのよ、いつだったか珍しくリュックなんか背負って出ていったかと思えば、泥だらけで帰ってきて」

どう返して良いかわからなかった。沈黙は肯定と取られた。

当然、何を持ってきたのか知らないが、すぐに全部返してこいと、家族全員からきつく言われ、渋々の顔で小池さんは部屋に戻った。

ばれてしまっては仕方がない。これ以上、家族を不安にさせるような真似も良くない。

買い手にはサイトを通じて売れなくなったことを謝罪した。

その後、車で石を返しに行こうと袖机を開けた小池さんは、驚嘆した。

売る予定だった石。それはコッペパンのように楕円形でつるりとしているものだったが、真っ二つに割れていたのだ。

乱暴にすべての石をリュックに戻すと、彼は車に飛び乗り、石を拾った場所を目指した。

その日は天気も悪く、歩くには適していなかったのだ。

球磨川の河原に着くと、もう拾った場所の正確な位置までは思い出せなかったが、とにかく謝りながら、傘も差さずリュックを逆さにして石をばら撒いた。

そのまま何も起きないことを祈り、車へと引き返した。

もうすぐ家だというところに差し掛かったとき、何やら焦げ臭い。

気にはなったが、小池さんは車を停め、家の中に戻った。

すると、出迎えてくれた母から、家の裏庭に雷が落ちたということを知らされた。

ボヤで済み、消防を呼ぶほどのものではなかった。しかし、ものすごい音がしたのだと、母は青ざめた顔で教えてくれた。

「石を返したから落雷は避けられたのか、それとも返す前に落ちたのか……」

小池さんは怪訝な顔で続けた。

「遺言は正しかったと、今は思います。きっと川のヌシがお怒りになったんだろうなって。でも、私たち一家が熊本に住むようになったのは、曾祖父が亡くなるわずか二年前のことです。それに、曾祖父自身、生まれも育ちも東京なんです。あの遺言、何だったんでしょう?」

小池さんは首を傾げ、さらに怪訝な表情を浮かべた。

球磨川（写真 AC）

ウッペツ川（北海道）

ウッペツ川は北海道旭川市を縫うように流れ、石狩川と合流する川である。その流路延長は約十二キロメートルに及び、アイヌ語で「肋骨・川」を意味する「ウッ・ペッ」という名は、近文市街地の西側を肋骨のような形で流れるその特徴から来ている。

七十代の山崎さんは、昭和が平成に変わる頃、ある医科大学で医師として働いていた。

今では、息子夫婦が住む札幌市に引っ越してきているものの、やはり生まれ育った町に戻り、そこで人生を終わりたいと考えているそうだ。

ただ、そんな山崎さんが長い人生で一度だけ引っかかっていることがあるのだという。

それは、こんな話。

彼女が、医科大に勤めてしばらく経ったとき、頻繁に運び込まれてくる患者がひとりいた。

その人は、二十代の男性で、何かスポーツでもやっていたかのような体格の良い人物であった。だからなのか、毎回、検査を受けさせてもまったく問題が見つからない健康体。それがなぜ何度も病室へ担ぎ込まれるのかと、山崎さんには不思議でならなかった。

ある日、その彼が四度目の入院をした。

あまりにも気になった山崎さんは、雑談まじりになぜあの若者は入退院を繰り返すのか、担当医と食堂で一緒になったとき、話題を振ってみた。

すると同僚は、あの男は毎回ウッペツ川で溺れてここにくるのだと教えてくれた。

山崎さんは、その川の近くに住んでおり、その地域の特徴には詳しかった。

だからこそ、余計に疑問が湧いた。

溺れるような川ではないのだ。

そこまで深くもないし、幅があるわけでもない。もちろん急流でもない。突然の深みがあってそこに足を取られてしまう事態は考えられなくもないが、例の彼に学習能力が欠落しているようにも思えなかった。

たしかに、人間はわずかな水で呼吸が困難になりパニックを起こすことがある。だからといって、あの若者が何度も川に嵌まるのは合点がいかない。

普段なら、そういう精神疾患のある人なのだろうと気にも留めないのだが、なぜかこのときばかりは必要以上に気がかりになってしまった山崎さんは、男性が寝ている病室を訪れてみた。

最初のうちは、看護婦（当時はこの呼び方で、後に看護師と改められた）でも担当医でもない山崎さんに話し掛けられることに違和感を覚えていた男性だったが、何度か話すうちに、なぜ自分がこの病院の世話になっているか教えてくれた。


「元の世界に帰りたいんです」

「はあ？」

思わず素っ頓狂な声を上げてしまい、慌てて片手で自分の口を塞いだ。

「あの、ちょっと冗談ならやめてくださいよ。なんですか、それ？」

当然の返しだ。

大部屋である。他の患者からの視線が痛い。

声をひそめ、咎めるように彼を叱責すると、男性は苦笑いをしてかぶりを振った。

「やっぱり信じてくれないですよね」

俯いて渋い顔をする姿は、嘘を吐いているとも思えなかった。山崎さんは、小さい声で彼に謝罪をすると、話の続きを促した。

「自分がどうしてこっちの世界に来たのか記憶はないのですが、戻らなきゃってずっと頭の中で自分の声がしているんです。最初は鏡に飛び込んだんですが、失敗しました。何度か試すうちに気がついたんです。鏡では固すぎるって」

つまり、ガラスは固くて入ることができない。いろいろと思考を巡らすうちに、水ならば鏡のように左右反対に映るから鏡と同じ役割を果たすのではないかという結論に至った。

「そんな馬鹿な……」

身振り手振りで説明する彼の台詞に、山崎さんは信じてあげたい気持ちはあったが、あまりに突拍子もない話に、唖然として一言つぶやくのがやっとだった。

「でも、その証拠に」

ベッドの横にあるサイドデスクから筆記用具を取り出した彼は、漢字、平仮名、カタカナを使い、通常とは逆の向き、つまり鏡文字で文章をすらすらと書いてみせた。

（お！）

一瞬、興味を引かれたものの、すぐに訓練でどうとでもなると思い直した山崎さんは、これ以上話しても実のある会話などできないと判断し、彼に挨拶をしてその場を後にした。


二日後。

完全に男性のことを忘れ、多忙な昼下がりを送っていた山崎さんは、廊下を歩いている最中に、行く先が何やら騒がしいことに気がついた。

それは、あの男性がいる病室の前。

いったいどうしたのかと、数人の看護婦を避けていく。すると、彼の担当医が病室で騒いでいた。

あの男性を探しているのだとすぐにわかった。

同じ病室の患者に、ここに寝ていた彼はどうしたと聞き回っていたからだ。

山崎さんが声を掛ける。

担当医は、回診中に彼がいないことに気がついたのだという。

一気に院内が騒然となった。

名を呼ぶ者、他の病室を探しに行く者、上司に報告しに行く担当医。

そんな中、山崎さんはなんとなく勘が働いて、ウッペツ川に足が向いた。

彼が何度も溺れて助けられたという場所に行ってみたのだ。

その場へ早足で向かっていると、その先で何か大きなものが水に落ちた音がした。

茂みに足を取られそうになりながらも、驚いて駆け寄ってみると、おそらくは水しぶきが上がったであろう痕跡が残されているだけで、もう何の影もなかった。

いったい、何がここで起きたのか。

彼が飛び込んだとしか思えなかった。そして、また溺れているのではないかと心配し、川岸を覗き込んだ瞬間だった。

川の中から、何かが勢いよく飛び出してきた。それは、病院服とスリッパ。

察するに、彼が着ていたもの。

不思議なことに、スリッパに書かれた医大の名前は鏡文字になっていたという。

「それから、病院服なんですけど、持って帰ってみたら、合わせが逆になっていました」

あれから四十年近く経つが、そんな変な患者は彼ひとりだったと彼女は笑った。

天白川《てんぱくがわ》（愛知県）

日本には三本の天白川が存在する。

ひとつめは、愛知県の日進市から名古屋市を流れ、伊勢湾に注ぐもの。ふたつめは、愛知県田原市を流れ、渥美湾に注ぐもの。三つめは、三重県四日市市を流れる二級水系の本流。いずれも同じ二級水系で、同じ河川名であるが、別物の河川だ。

今回の舞台は、ひとつめ。

天白川の名前の由来は、名古屋市緑区鳴海町にかつて存在した「字天白」という土地に関連している。この土地は、旧東海道にある天白橋のすぐ東隣に位置しており、昔は「天白神」が祀られていた。この川の名前は明治時代になってから付けられ、それ以前は「米野木川」と呼ばれていたとされている。

現在、五十歳目前の佐藤さんが中学三年生のときの話だというから、もう三十五年も前のことになる。

佐藤さんの同級生に室井という男がいた。

彼は長身で、短く整えられた髪はオールバックに流れていた。目を引く大きな鷲鼻が顔の中心にそびえ、不釣り合いな痩身は一目で彼の存在感を際立たせていた。

家が赤貧であることは、学年中の生徒が共通の認識として持っていた。毎日、兄から引き継いだすり減ってテカテカになった制服を着て学校に通っていた。

ただ、彼の親友である伊藤君によれば、県内の空手大会で三位に輝いた経歴を持ち、その温厚な性格とは裏腹に、実はかなりの実力者だった。だからといって、自己主張の強いタイプではなく、引っ込み思案でクラスでも目立たない部類の生徒だった。

佐藤さん本人は室井の家に遊びに行ったことはないのだが、訪れた経験のある友人たちから、トタン板を接着剤でくっつけただけの直方体に住んでいると聞かされていた。

その中に、室井を含め兄弟姉妹が五人、それに両親と祖母、計八人が生活している。

囲いはブロック塀などではなく、所謂金網フェンスでプライバシーもないような住居だったそうだ。

ある日のこと、佐藤さんは仲間たち数人で自転車に乗り、伊藤君の家を目指していた。

伊藤君の家は、中学校を通り過ぎて、室井の家の前を越えると建っていた。

ちょうど室井の家あたりを通り過ぎたときだった。

「あれ？　おい、みんな。ちょっと、止まれ！」

同行している友達のひとりが声を上げた。

何事かと、一番後ろで停車している友達に全員が寄ってきた。

「どうした?」

「室井の家がない」

「はあ?」

「いや、これ……」

佐藤さんが何ごとかと訊くと、問われた友達もどう答えて良いかわからぬといった表情で室井の家の方向を指差した。

全員が視線を向ける。

すると、そこはフェンスだけが張られていて、最初から何もなかったかのような空き地がひと区画あるだけだった。

「ちょっと前はたしかにあったぞ」

「俺も見た」

皆、口々に自分が目にしている光景を否定するが、事実は変わらない。

「あいつなら何か知ってるんじゃないか?」

佐藤さんが口にした提案は、伊藤君に事の次第を尋ねるというものであった。

中学校と、伊藤君の家の間に室井の家がある。

ということは、伊藤君は登下校で必ず室井の家の前を通るはずだからだ。

佐藤さんの声で、皆一斉に友人の家を目指した。


「……いや、今朝はちゃんとあったし、なんなら帰りだってあったよ」

佐藤さんから一連の話をされ、室井家跡地に連れてこられた伊藤君は、目を丸くし、戸惑いながら答えた。

「じゃあ、何か？　俺らが学校で別れてから、ここにくるまでの一時間くらいの間に消えたってことか？」

「わかんねえよ。でも、帰りだって室井と一緒だったから、そのときはあったんだよ」

意味がわからない。

いくらトタン板でできた家だったとしても、そんな短時間で姿を消すなどということがあるだろうか。佐藤さんを始めとして全員が狐につままれたような気分になった。

その翌日、案の定、室井は教室に現れなかった。

担任にどうしたのか事情を尋ねたが、わからないの一点張り。とにかく休みの連絡は入っていない、家が消えたなど信じられぬが転校の話もご家族から出ていないと教えられた。

明らかに異常な事件ではあった。普段の彼の貧乏ぶりから、夜逃げしたのではないかと囁かれ、さらには金貸しの暴力団に攫われたのだといううまことしやかな噂まで流れた。

結局、目立つような人物ではなかったことから、消えてから二週間くらいは話題に上がっていたものの、いつしか誰も彼のことを口にしなくなった。


それから五年の歳月が流れた。その秋の初め、土曜日のことだ。

佐藤さんは中学時代からの仲間数人と遊ぶ約束をしていた。正午に駅前で全員が集まり、そこから天白川の河川敷へと移動する予定だった。

あれから中学を卒業し、高校を出て、就職する者もいれば大学へ進学した者もいた。

それでも、当時の友人らで定期的に飲み会を開いて集まっていた。それが、今回は居酒屋ではなく、川沿いでレジャーシートを敷いて飲もうということになっていたのだ。

各々がレジャーシートや缶ビール、冷蔵ボックスを携《たずさ》え、飲酒に適したスポットを求めて、川辺を散策していた。近況を話しながら、ああでもないこうでもないと盛り上がり、昔話に花を咲かせる。

「あれ？」

ある瞬間、佐藤さんの歩みが止まった。

「ん？　どうした？」

他の者が佐藤さんに問いかける。

「あの人……いや、あいつ」

すっと上げた佐藤さんの右手、その人差し指の先に全員が視線を移した。

彼らの十数メートル先に、男がひとり立っていた。

今しがた、川岸から這い上がってきたかのようなずぶ濡れ姿。ぽたりぽたりと短い髪の毛から水滴がしたたり落ちる。棒立ちというよりは、仁王立ちに近い恰好でこちらを見ている。

仁王のようにかぱりと笑った口とは対照的に、その目は爛々《らんらん》と大きく見開かれていた。

「おい、お前………室井……だよな？」

佐藤さんが室井に近寄り、恐る恐る問いかける。

成長期を経た五年後とはいえ、面影は残っている。そして、何より特徴的な鷲鼻は見間違えるはずがない。

だが、室井と思われる人物は佐藤さんの呼びかけに一切応えなかった。

正確には、声をかけられていることにも気がついていないようで、佐藤さんたちの後方を睨んでいるような眼差しは、どこか焦点が合っていなかった。

それからも何度か友人たちが室井の名前を呼び続けたのだが、反応はない。

「おい！　室井！　なんとか言え！」

焦れた佐藤さんが、がしっと彼の肩を掴むと、思い切り強く揺すった。

瞬間、男は初めてハッとしたような表情になり、ぶるっと一度身震いをしたかと思うと、驚いた顔で佐藤さんたちに話しかけてきた。

「あ、あれ？　お前たち、こんなところで何やってるんだよ？」

「いや、お前の方こそ今の今まで……」

「こんな時間まで外で遊んでるの見つかったら、林に怒られるぞ」

どこで何をやっていたんだよ、と訊こうとしたのだが、室井は被せるように会話を遮り、林の名前を口にした。

――林。

それは、その場にいる全員がよく知っていた。

中学三年生のときの、担任の名だ。

すぐに室井以外の者がお互いに顔を見合わせる。

――こいつは一体何を言っているんだ？

が、皆一様に首を小さく横に振った。答えが思い浮かばないという意味だ。

そもそも、『こんな時間』だというが、日が高い。それに、よしんば夜だったとしても全員二十歳を超えている。夜遊びで担任から叱られるというのであれば、無理がある。

「お前たち、早く帰れよ。告げ口はしないから。じゃあ、また明日、学校でな」

室井は軽く手を上げて別れの挨拶をすると、佐藤さんたちの間をすり抜けて走っていってしまった。しばらく、その背を眺めていると、すぐ近くの橋を渡って、向こう岸に出て、住宅街へと消えていってしまった。

「いや、今日は土曜日だから、明日は学校も会社も休みだよ」

佐藤さんの友達のひとりが、ぼそりとつぶやいた。

「結局、その後すぐに室井が住んでいたあの跡地に皆で行ってみたのですが、雑草が生い茂るだけで、当時と何も変わっていませんでした。あいつ、あのとき、まだ中学生活が続いているかのように振る舞っていたんですけど、時間でも飛び越えてきたんですかね」

その後、誰も再び室井に会うことはなかったそうだ。

天白川（写真 AC）

片貝川《かたかいがわ》（富山県）

片貝川は、富山県魚津市を流れる二級河川だ。この富山県には「七大河川」とされるものがあり、片貝川は、小矢部川《おやべがわ》、庄川《しょうがわ》、神通川《じんつうがわ》、常願寺川《じょうがんじがわ》、早月川《はやつきがわ》、黒部川《くろべがわ》と一緒に数えられる川である。主な利用目的は、水力発電や上水道だとされている。


今から三年前の夏。

三十代後半の山本さんは、その日、勤める会社の有給休暇取得率向上のため、上司から無理やり休暇を取らされていた。翌日は土曜日。夜には同僚たちから誘われた飲み会がある。女性社員も多く参加すると聞かされているので、独身の彼は楽しみにしていた。

その昼間。

買い出しから帰ってくると母から電話が掛かってきた。出てみると、単なる様子伺いだった。あれこれと雑談に付き合わされていたが、不意に大きな声を上げると、母は唐突に話題を変えた。

それによれば、片貝川が干上がったという。すでに川底が露出していて、完全に水は蒸発してしまっているように見えると言い出した。

山本さんは、詳しく話を聞き、興味を覚え、片貝川に見物しに行くことにした。

彼の住むアパートから原付バイクで二十分ほど。着いてみて、さすがに山本さんは、感嘆の声を小さく上げた。

片貝川の水がずっと干上がっているのは、ローカル局のニュースで知っていたが、まさかこの川までとは思いもよらなかった。

今までは水深こそ深くはないが、穏やかな水の流れる音と、岸に生える美しい緑で、散歩するにはちょうど良い風景だった。

だが、今では完全に砂利道のようになった無残な川底が下流まで続いている。

遠くには、重機が動いているのが見えるが、いったい何をしているのかさっぱり。

とにかく、山本さんは乾ききった川底に足を踏み入れてみた。こんな経験、滅多にできるものではない。

じゃりじゃりと歩を進めていく。

ちょうど川の中心にきたところで、懐からスマートフォンを取り出して、記念撮影をする。

もちろん、ただ干上がった光景を収めるだけではなく、川底に降り立ったことを証明するために自撮りも忘れない。

「しかし、こんなことがねぇ……」

彼はぐるりと周囲を見回すと、しみじみとつぶやいた。

今までも何度か、早月川と片貝川の水位が異常に低下しただとか、干上がってしまったという噂は耳にしていた。

ただ、そんなときに限って出張で西へ赴くことになり、目の当たりにすることは、今日が初めてだった。

「……ん？」

山本さんの視線がぴたりと止まる。

彼の右手数メートルの場所に、何かが落ちている。

それは、砂利というには大きく、石というには小さいように感じた。

周囲の色とも違い、どこか薄黄色い。

興味を引かれ、数歩そちらに移動すると、それはお舎利様。

つまり、喉仏の骨。

（どうしてこんなところに？）

彼は、なんとなくそれを、右手の親指と人差し指で摘まみ、拾い上げようとした。

ふっと浮く喉仏。

その下から、自分と同じように親指と人差し指で骨を摘まんでいる左手が現れた。

手は、白い半透明で、川底の砂利が透けて見えている。

驚いて手から骨を放そうとしたが、もう遅かった。

骨は驚くほど軽く、思わず強く持ち上げてしまっていた。

自分でも思ったより勢いよく引き上げてしまったようで、だらんとした腕、痩せた肩、そしてひどく窶《やつ》れた顔が、彼の眼前に出現した。

山本さんは、そこで初めて骨から指を離した。

途端、その『青年』は左腕をだらりと下げると、傾げた首を垂直に戻し、無表情の顔をにやりと変えた。

山本さんとしては、悲鳴を上げて走って逃げたかったのだが、あまりの恐怖に身がすくんでしまい、まるで金縛りのように動けなくなってしまった。

青年は山本さんと同じ身長百七十センチ程度、トレンチコートのような上着の下からワイシャツのような襟が見え隠れしている。下はジーンズのようだが、この暑い最中の格好かと言われると疑問だ。そもそも、どこかちぐはぐな印象を受ける。

山本さんが怯えて震えることしかできないでいると、青年は左手にある喉仏の骨を山本さんの首の横に持ってきた。

何をされるのか。目玉だけで青年の所作を注視する。

「うっ！」

その瞬間、音もなく骨が山本さんの首の中に、皮膚を貫通して入れられてしまった。まったく何をされたのか理解が及ばない。

「おーい！　そこの人！」

誰ともわからない遠くからの声に、身体がフッと軽くなり、金縛りの感覚が消えた。声に反応して顔を向けると、鉢巻をした中年男性が手を振りながら駆け寄ってくるところだった。見た目から、どうやら彼は重機の作業員のようだ。

「これからこっちにも重機、入れっから。危なくなるから、用がないなら岸の方に上がってくれないか。ほれ、もうあんたひとりしかおらんし」

振り返ったとき、不気味な青年の姿は霧のように消えていた。まるで最初から存在しなかったかのように、彼の周囲には何の痕跡も残っていなかった。

山本さんは、何度も頷くと、その場をあとにした。

そのときには、全身、暑さが原因ではない汗をびっしょりとかいていたそうだ。

その後、大きく体調を崩した山本さんは、何度かの検査のあと、精密検査を受けた。残念なことに、喉頭癌だと診断されてしまった。

声帯を切除する判断をしたのは、彼自身である。しかし、二度と自分の肉声を発することができないのは、痛恨の極みだったそうだ。

ただ、納得がいかないのは、喉頭癌は一般的な話として早期に嗄声が顕著になるはずが、そんなことは一切なく、発見されたときにはもう手遅れだったこと。

「自分はただ、干上がった川を見物しに行っただけなのに」

罰当たりなことなど何もしていないのに理不尽だと、彼は嘆いていた。

これは筆談で伺った話である。

長尾川《ながおがわ》（千葉県）

長尾川は、千葉県の南端に位置する南房総市や館山市を潤す、地方自治体が管理する河川の一つだ。この流れは、関東地方で最も南に位置する河川であり、離島を除いた場合、地域を管轄する河川としては最も南に位置している。

旧白浜町域には利用可能な他の大きな河川がなく、長尾川から分かれた水路が横渚地区へと続く灌漑システムが昔からあった。それは、白浜町白浜にも延びており、慶長年間に縫伝之助氏が建設したと考えられている。元禄地震で当時あった「ふじ山」が崩れ、長尾川と灌漑水路が土砂で埋まり、地元の農民が復旧作業を行った。その時、川中の大石を動かせず、割れ目を入れたところから血が出たとされる『長尾川の立石』伝説が残っているそうだ。祟りをおそれて放置されたこの石は年々小さくなっているものの、かつての割れ目が今も残ると言われている。

五十代後半の勝又さんは、とある企業の一部署で水質調査をする仕事をしている。

「今は、オンラインでお申し込みいただいたあとに、検査キットを返送いただくだけで結果をお返しできるようにもなったのですが」

彼が新人だった時代はそうもいかず、依頼を受けると直接現地へ担当者が赴いてサンプルを採取するのが常だった。

その彼が、四十年ほど前に一度だけ体験した変な出来事を話してくれた。


それは真夏、酷く暑い昼下がりのことだ。

電話で調査依頼を受けた彼は、ひとりハンドルを握り、今回の取引先である依頼者が待つという集会所に向かった。

約束の場所に到着し、指定された部屋に足を踏み入れると、ジャージを着た初老の男性が出迎えてくれた。彼は町会長を務めているとのことだった。早速、本題に入り、彼から地域住民のたっての希望に応えて水質検査を行うことになったのだと伝えられた。

そこで彼は、訝《いぶか》しんだ。

検査は、定期的に実施している。彼の企業は役所から指定されているもので、毎回の記録も等間隔に残されていて、結果としても申し分ない程に安全値だった。

しかも、次の予定は一月後。

結果は三週間で出るから、またすぐ調査となる。このタイミングで費用をかける意味もなければ、急ぐ必要もない。

鞄から分厚いキングファイルを取り出し、その男性に見せながら説明した。男性は既にそのことを承知していたが、それでも是非にも検査を行ってほしいと頼んだ。

勝又さんは、そこまで言うのなら、と了承し、契約書を取り交わすと、男性に挨拶をして、その場から川へと向かった。

着いた先は、至って普通の川。

川の水は穏やかに流れ、その表面は午後の陽光に照らされて金色にきらめいている。右岸には、石垣でしっかりと支えられた小さな橋がある。左岸は、石が敷き詰められた堤防になっている。川辺には草木が生い茂り、野生の草花が風に揺れている。野鳥のさえずりが時折聞こえ、自然豊かな場所だということが容易に見て取れた。

周囲に人はいない。平日のこの時間、すでに小学校は放課後になり子どもが遊ぶ時間だ。それに、夕食の買い出しに出る主婦もいるはずだ。

だが、おそらくどうにも暑さで外に出る気力がないのだろう。

自然の音のみで、シン……とした川へと降り立つと、彼はサンプル採取用の器具を川面へ浸そうとした。

その瞬間だった。

水中から跳ね上がった水滴のような何かが、手の甲に着地した。

それは間違いなく水滴だった。

涙滴型の、米粒よりも一回り大きい、透き通った何かが、現れたのだ。

ブシュッという皮を突き破る嫌な音がして、その何かが手の甲に潜り込んだ。

見る間に、前腕、肘窩《ちゅうか》、上腕の皮下を這い、まるで血管の中を泳いでいるようでもあった。

当然、耐えがたい痛みが走り、彼は苦痛に顔を歪める。すでに、地面に転がりたいような痛みに身体が支配されていたが、そうすることはできなかった。

このままでは顔まで、最悪、脳にまで潜り込まれてしまうのではないかという恐怖の方が遥かに大きく、どうしたらこの状況から逃れられるか必死に思考を巡らせた。

だが、痛みでまともに考えをまとめられない。そこで、彼は強引に逆の手で肩を握り、水滴の行く手を遮った。

すると、それは道に迷ったかのように、何度か皮膚の下でぐるぐると回転して、元来た道を戻り、空いた手の甲の穴から川中へと戻っていった。

十数秒かそこらのことである。

彼は息が荒くなっていることにも気づかず、ただただ呆気に取られていた。

そのとき、手の甲から流れる一筋の血が、水面にじわりと滲んだ。

瞬間、まるで飢えたピラニアの群れのように水面がざわつき、その血溜まりに何か沢山の水滴が群がった。

ハッと我を取り戻した彼は、その場から飛び退き、しばらくの間、ジッと様子を窺った。

本来なら、夜道で幽霊に遭った人よろしく、這う這うの体で逃げるのが普通だ。

しかし、彼はそうできなかった。

高卒の新入社員と同じレベルの若手社員が、現場で怖い目に遭ったから逃げ帰ってきました、などと上司に報告できるわけがないのだ。

どのくらいの時間が経ったのか、定かではなかったが、水面が落ち着きを取り戻した。

彼は、再び器具を、近くに落ちていた長い枝の先に引っかけて、川の中に入れようと試みた。今度は器具がスムーズに水面へ入り、水中のサンプルを無事採取できた。この作業を何度か繰り返すことで、検査に必要な量のサンプルを確保し、持ち帰ることに成功した。

三週間後。

勝又さんは、頼まれた検査結果の報告をしに、上司を伴って、集会所を訪ねていた。

どの数値も、以前の検査と同様であることを、実際の書類を見せて、依頼者の男性に説明する。

粗方の内容に納得がいったのか、男性は深く頷くと、受領の押印をして、勝又さんたちに礼を述べた。

「あの……結局、この検査の意味ってあったのでしょうか?」

勝又さんは、依頼を聞いたその日からの疑問を、おずおずと口にしてみた。

「いえ……まぁ、前にも申し上げたように、ここいらの住人の希望でして」

依頼人は、勝又さんと目も合わさずに返答した。

「では、我々はこの辺で失礼します」

「ありがとうございました。私はまだやることがあるので、ここで失礼しますね」

上司がひとこと挨拶をして、その場で解散となった。


「話はこれだけです」

勝又さんは、日常のなんでもない会話を終えたように、一息吐いた。

「ただ、集会所を出て車に乗るときに、なんとなく振り向いたら、スーツ姿の男性と町会長さんが、差し上げたキングファイルを持って話し込んでいたんですよね」

本当に地域住民の要望だったのかと、今でも勝又さんは疑問に思っているそうだ。

長良川《ながらがわ》（岐阜県）

長良川は、日本の中部地方を流れる一級河川である。源流は岐阜県郡上市に位置し、岐阜県を中心に流れ、三重県に入ってから最終的に伊勢湾に注ぐ。この川は観光、漁業、水力発電など多くの用途で利用されている。また、川は多くの生物の生息地ともなっており、自然環境の保全が重要視されている。

長良川で名高い鵜飼は、鵜を使って魚を捕る伝統的な漁法であり、特に長良川では多くの観光客が訪れる観光名所だ。鵜匠と称される鵜の調教師が鵜に指示を出し、魚を捕らせる。多くは夜間に行われ、独特の雰囲気がある船上からの観賞が有名である。

都内に住む四十代半ばの吉原さんという男性は、大学を卒業した当時、新卒で入社した会社の仕事の過程で不思議な体験をしたのだという。

ある日のこと、一年上の先輩と一泊二日の出張が決まった。内容は、岐阜県にある女子大学に自社の機器を納品し、同時に稼働の確認をするというものだった。

進学で四国から上京し、ひとり暮らしを始めてから、初の外泊。心配なのは、飼い犬のことだ。今まで、サークルの飲み会だろうが、ゼミの居残りだろうが、必ず帰宅して世話をしていた。社会人になってからも、新人なので終電で帰されていた。部屋の三分の一をケージに使い、広々と小型犬を住まわせていた。

だが、業務命令とあっては仕方がない。都内の別の区でひとり暮らしをしている妹に部屋の鍵を渡し、出張初日の夜と翌朝の世話を頼んだ。

然《しか》して、吉原さんは出張当日、東京駅で先輩と待ち合わせると、岐阜へ旅立った。


着いた先での仕事は至って簡単だった。大学の職員に指定された部屋まで機器を運び、設置して、スイッチをONにする。その後、上司から受け取っていたマニュアルに従って操作し、立ち合いの職員に確認してもらい書類に捺印をもらった。

手順が十数項目にも及ぶため、時間こそかかったものの、無事に業務を終えたふたりは、経理担当者が予約してくれたホテルに向かった。

岐阜羽島駅に降り立ったときとは違い、すでに日は暮れ、夜の帳《とばり》が下りていた。

ふたりは、とりあえずタクシーを捕まえようと交通量の多い通りを目指していた。

——ドドンッ！

急な爆発音に、吉原さんと先輩は驚いて、音の方へ視線を向けた。

すると、見事な大輪の打ち上げ花火が夜空を彩っていた。

「お祭り？」

ふたりはお互いに顔を見合わせると、ホテルにチェックインの時間が少し遅れるという連絡を入れ、夜空が明るく照らされている方向へと歩いていった。

着くと、長良川の幅広い流れに浮かぶ、鵜飼観覧船と何隻もの鵜舟が岸に引き上げていくのが目に映った。観覧船は屋台船のように飲食を楽しみながら鵜飼を眺めるようになっているもの。本来なら、鵜匠たちが慣れた手つきで手縄を捌き、鵜が鮎を捕る姿を披露しているのを見物できたはずだが、鵜飼のプログラムはひと通り終わったあとだったようだ。

それでも河川敷は観光客で賑わい、先ほどまでいた女子大周辺の静けさが嘘のようであった。祭りの雰囲気は残っていて、周囲には飲食店が臨時で店先に出店を出している。

吉原さんと先輩は相談し、別行動を取ることにした。とはいえ、報告書をメールで送信する必要があるので、あまり遅くホテルに入るのも良くない。祭り気分を味わえれば良いだろうと、一時間後に同じ場所で落ち合うことになった。

吉原さんは、長良川を横目に辺りの雰囲気を味わいながら歩き回った。

すぐに時間は経ち、先輩と合流して、タクシーに乗るとホテル前に到着した。

「ん？　お前、それどうした？」

運転手に料金を支払って降車してきた先輩が、驚いた顔で吉原さんの足元を指差した。

釣られて目線を下げると、ホテルのエントランスから漏れる光に照らされて、吉原さんの歩いた横に鳥のような濡れた足跡が点々とついていた。

「なん……でしょうね。今、見てきたばかりだから、なんとなく鵜の足跡のように思えますけど。そんなの居ましたっけ？」

吉原さんは空や周りを見渡したが、鳥の影はどこにもなかった。

そもそも、鳥目。こんな薄暗い場所をウロウロしているものだろうか。

先輩も、腑に落ちないといった表情で首を傾げている。

悩んでいても真相がわかるわけはない。ふたりは、諦めてホテルにチェックインをした。


真夜中に報告書を仕上げてメール添付で送信し終えた吉原さんは、部屋でテレビを観て寛いでいた。翌日は、女子大から古くなった機器を引き上げて帰るだけだ。彼は夜更かしをしていたが、そろそろ寝ようとベッドボードの照明調節のつまみを最小にして部屋を仄暗く落とした。

と、その瞬間だった。

少しなまぐさいような川の水の匂いがして、テレビ台とベッドの間に、半透明の鵜匠が鵜とともに現れた。

「え……？」

「この子を…………」

唖然とする吉原さんを鵜匠はジッと見つめて、両手で鵜を持ち上げて吉原さんが横になっているベッドの前に優しく下ろした。

反応できないでいると、鵜匠と鵜はそのまま薄くなり、消えてしまった。

額から一筋の汗が流れた。酔っているわけではない。飲酒はしていないのだ。疲れで幻覚を視たというなら、この異臭の説明がつかない。

先ほど先輩に指摘された足跡を思い出して、急に怖くなり、布団を頭から被って震えた。

気がつけば、朝。先輩からの内線電話で急かされ、慌ててチェックアウトの準備をする。

ホテルのレセプションでタクシーを呼んでもらい、予定通りに女子大で古い機器を取り外して、新しい機器が入っていたスーツケースに入れる。

その後、岐阜羽島の駅へ戻り、新幹線で東京に帰ってきた。

東京駅で先輩と別れ、吉原さんは自宅に帰ることにした。朝から先輩に昨晩のことを話すかどうかずっと悩んでいたが、話してもどうにもならないと踏んで、諦めた。

部屋に帰ってくると、妹が待っていた。鍵を返すためだというのだが、どうにも顔色が悪い。気になって問い質すと、ケージの中にいる犬がおかしいというのだ。驚いていったい何があったのか訊く。すると、今朝、世話をしに部屋に入ってからずっとケージの隅で丸くなっているのだという。今まで、何度も兄の部屋を訪れたが、こんな反応をしているのは初めて見た、だが食欲もあるし、ケージの外に出すと甘えてくるので、どうにも判断がつかない。妹はそんな説明をしてくれた。

不思議に思い、部屋の奥に入る。ケージの中を覗くと、たしかに愛犬が隅で蹲っている。吃驚して、犬を抱き抱えようとしたとき、たしかに右手の甲に羽毛の感触がした。

「どうやら、あの鵜匠に鵜を押し付けられてしまったみたいです。しかも、幽霊の」

鳴き声こそしなかったが、気配はたしかにあったそうだ。

「なぜそう思うのかって？　毎年、鵜飼の時期になると、一度だけ、枕元にそれはそれは立派な鮎が一匹置かれていたからですよ」

そんなことが長年続いたが、ある年を境にぱったりと止んだそうだ。

吉原さんは、犬と一緒に成仏したんですかね、と悲しそうに語ってくれた。

長良川（写真 AC）

道頓堀川《どうとんぼりがわ》（大阪府）

二十二歳の橋本さんが道頓堀川で溺れかけたのは、二年前の成人式の日のことだ。

久しぶりに高校時代の友人たちと再会してテンションが上がった彼は、式の帰りに皆と酒を飲み、酔っ払って川に落ちた。

その日以降、彼のスマートフォンには、友達から、

〈この前、街で見かけたよ。連れていた美人は彼女か？　あまりにもイチャついていて声がかけられなかったよ〉

そんな内容のメッセージが毎日のように届くようになった。

ところが彼にそんな心当たりはなく、過去に何度か恋愛の経験はあったものの、長続きせず、成人式の頃からずっと独り身である。

〈結婚を考えてる彼女なんだ〉

橋本さんは、彼のアカウントから、彼女との仲を茶化す友達たちへ勝手に「誰か」が返信し

ていることが、何よりも嫌なのだそうだ。

道頓堀川（著者提供）

正雀川《しょうじゃくがわ》（大阪府）

正雀川は大阪府吹田市および摂津市を流れる川で、淀川水系の一級河川のひとつである。源流は千里丘陵から発し、南正雀と摂津市正雀本町の境界付近で安威川に合流する。その流域には吹田市と摂津市が広がっている。

かつての流域は水田地帯であり、人々の生活と密接に結びついていた。現在では、流路が人工的に変えられ、複雑に屈曲している様子が見られる。また、かつて存在した多数のため池が開発により埋め立てられた歴史も持つ。

生活排水による水質汚染に苦しむ川であるが、地域は美しい自然環境の回復に向けて努力を続けている。特に上流部では未処理の生活排水が問題となっているが、鯉の放流や護岸の改修などの対策が進められている。阪急正雀駅付近から安威川に至る区間では、ユスリカの大量発生と病気に苦しむ鯉が目立つ。これらの問題に対処するため、環境改善の取り組みが行われており、電撃殺虫機の設置などがその一環である。

今から三十年前、小学六年生だった武史さんは、当時の出来事を話してくれた。

彼の通学路は、市街地を流れる整備された川沿いの道で、生活感が漂う変哲のない風景だった。車や人の往来があり、コンクリートの護岸と整然と並ぶ住宅が印象的な場所。

街の喧騒から少し離れた、静かでありながらも生活の一部として息づいている川の風景が広がっていた。

彼は毎日、同じ道を通り学校へ向かい、帰りは逆の道を辿るのだった。

放課後は同級生の友達と一緒に、雑談をしながら帰るので、退屈ではないのだが、朝は退屈でいつも俯き気味に黙って歩いていた。

通る道も違えば、家を出るタイミングも異なる。校門前で友達と合流することはあるが、それでもほとんどの時間を独りで過ごすことになる。

そんな中、大型連休が明けた日のことだった。

学校へ向かう途中、家を出て川沿いに差し掛かると、突如として強烈な視線を感じた。

驚いて振り向くが、武史少年を睨んでいる者はいなかった。

辺りには、通勤中のサラリーマンや、自分と同じように通学途中のランドセルや学生服が歩いているのだが、誰ひとりとして彼に注意を払う者などいなかった。

だが、それでも彼は誰かの視線が強くまとわりつくのを察していた。

こみ上げるような吐き気。強烈な不快感が彼を襲う。

気味が悪かったが、この程度のことでは遅刻の言い訳として担任に通らない。

武史少年は、誰かからの視線を努めて無視し、学校へと急いだ。


そして、それは放課後の帰り道でも起きたのだという。

「じゃ、俺、こっちだから」

武史少年がいつも一緒に帰る友達と下校をしていると、友達は途中で折れて路地に入っていく。その姿を見送ってひとりになった瞬間、彼は今朝のような視線に射られた。

肩を震わせながら周囲を警戒するも、通行人は彼には注意を払わず、ただ通り過ぎていくだけだった。五分刈りで、よくある横縞のシャツ、ありきたりのズボン。間違いなくどこにでもいる子ども。風景に溶け込んでいて目立つ方が難しい。

ここで初めて彼は怯えた。得体が知れないと思ったのだ。

文字通り、逃げるようにして自宅へと走った。そして、玄関にへたり込んだときには、もう例の視線はすでに消えていた。


そんなことが毎日、続くようになった。

経験則に基づくと、川沿いを歩み始めるとまるで誰かの視線に絡み捕らえられているような感覚に見舞われることがわかった。

川に面した家屋から覗いている者でもいるのだろうか。

不安を募らせ、限界に達した武史少年は、地元の警察署に勤めている父に相談をした。

夜遅く帰ってきた父が居間で晩酌をしているときに、ことの次第を打ち明けたのだ。

すると父は深く考え込み、明日からその場所を特に警戒してみると約束をしてくれた。そして、何かあったらすぐに大人に助けを求めるようにと、武史少年に忠告した。

それからも件の視線は続いたのだが、それ以上何があるわけでもなく、ただただ不気味な日々が過ぎていった。

数日後、学校が終わった武史少年は、ひとりで下校していた。一緒に帰る友達がいたずらをして、怒った先生から居残りの掃除を命じられたからだ。

そして、慣れ親しんだ川沿いに足を踏み入れた。

(この先は普段、誰かに見られているみたいで、本当に怖いんだよな)

しかし、今日は例の視線を感じることがなかった。

戸惑いながら、彼は確かめるように何回も学校と家を往復したが、もう強烈な視線などまったく感じられなかった。

なぜそうなったのかわからないが、とにかく薄気味悪い現象はなくなったのだと、喜んで武史少年は自宅に帰った。

その晩、武史少年は居間で静かにテレビを見ていた。そこへ、仕事から疲れ切った様子の父が帰宅した。

不規則なシフトによる疲労が顔に滲み出ている父は、重い足取りで武史少年の隣に腰を下ろし、深い息をついた後、疲れた声で話し始めた。

「昼間、川辺で死体を発見した。引き上げには相当苦労した、ずいぶんと大変な作業だった。今日はいつも以上に疲れている。夕食が用意されていたとしても、絶対に俺を起こすな。お母さんにそう伝えてくれ。俺はもう寝る」

武史君に目も合わさず、厳しい口調で父は言い放ち、二階の寝室へと向かった。

「今振り返ると、あの視線は川底にあった死体からのものだったのかもしれません。助けを求めていたのか、私に発見されることを望んでいたように思えます。死体が引き上げられたときに視線が消えたのは、偶然ではないんじゃないかと……」

武史さんは真剣な面持ちで語った。

——ただ。

「その死体、首なしだったんです。頭がなくても視線って送れるんですかね？」

武史さんは不思議そうに首をひねった。

正雀川（著者提供）

杣場川《せんばがわ》（香川県）

「川ってちょっと苦手なんです」

自身の体験談をこのように切り出した遠藤さんという五十代後半の女性。

理由は、彼女が小学生の低学年のころに遡る。

当時、同級生が川で流され、その光景を目の当たりにしたのだ。

その友達は結局、命を落としてしまった。

それ以後、川を見るだけで心がざわつくようになった。

さらに厄介なのは、大学生のときに、両親が関西旅行中に橋から落ちて命を落としたことだ。このことがきっかけで、遠藤さんはふたりの妹の面倒を見ることになり、多くの苦労を背負った。当時、男女雇用機会均等法が施行されていたものの、女性がひとりで家庭を支えるのは容易ではなかった。遠藤さんは大学に通いつつ、妹たちも高校を卒業させ、さらに大学に進学させるという、今となっては考えられないほどの重責を担っていた。

他人からはとても想像がつかない、強烈なトラウマともいえる経験を鮮明に思い出したのか、彼女は苦い顔をして首を振った。

大学を卒業後、遠藤さんは仕事で成功を収め、大手企業に転職した。しかし、恋愛には恵まれず、独身のままだった。

真冬のある日、遠藤さんは転勤の打診を受けた。四国の香川県に行くことになったのだ。だが、中途半端な時期だったからか、遠藤さんの希望に沿った職場の近くに物件が見つからず、引っ越し先がなかなか決まらない。相談した総務部もお手上げだったそうだ。

そこで、不動産業に就いている妹に相談をした。妹は遠藤さんが川を苦手とすることは知っていたが、それほど深刻なものだとは思っていなかった。なので最初妹は、新川や春日川沿いの物件を勧めた。しかし、遠藤さんが、川を見るのも嫌だ、と断固として拒んだため、今度は現地の支店に連絡をつけ、川から離れた古びた一軒家を見つけてきた。あくまで一時的な住まいとして、春に良い物件が出るまでのつなぎの予定であった。

初めてその家に足を踏み入れたとき、遠藤さんはすぐに何かがおかしいと感じた。家の扉の建付けが悪く、少し力を入れただけでガタガタと音を立てることに気づいたのだ。急いでいて、内見すらしなかったのが悪かった。古い物件だったため、このような問題があるのも仕方ないと判断し、そのまま住むことに決めた。

異変は引っ越して間もない頃に起きた。

ある朝、遠藤さんが二階の寝室から出ると、廊下に水溜まりがあった。

まだ眠気を引きずりながら観察してみると、複数の水溜まりが玄関に向かって徐々に大きくなっている。

玄関に近づくほど水の量は増し、まるで何かが外からずぶ濡れで入り、寝室の方向へ向かったかのようだった。

最終的には、その水溜まりは幼稚園児のような小さな足跡に変わっている。

遠藤さんは、何者かが、いや何かが玄関から侵入し家の中を歩き回ったのだと推測した。

とはいえ。

実際には逃げ場がなかった。この物件を選んだのは、予算の制約と時間の急迫さによるもの。会社に泊まる選択肢もあるが、申請書にどう書いて良いかわからない。できるのは、せいぜい近くの寺を巡ってお守りを買い込むことくらい。どこにも行く場所がないという現実を受け入れ、彼女はそのまま住むことを決めた。

翌日、この日は赴任して最初の日曜日だった。慣れない人間関係の疲れからか、遠藤さんはテレビを点けっぱなしにして居間で寝てしまった。

目が覚めると、再び廊下に水溜まりと小さな足跡が。

彼女は、この家には何かいわくがあるのではないかと疑念を抱き始めた。

そんなある夜、職場の歓迎会から帰宅し、酔っ払って居間で着替えもせずに眠りについた遠藤さんは、ビシャビシャという音で目を覚ました。確認しようとして、身を起こそうとするが体が動かない。金縛りというやつだ。

その瞬間、彼女の顔のすぐ前に気配を感じた。それは、幼稚園児のように思えた。その子は、彼女の傍らにしゃがみ込むと、無表情で両手を遠藤さんの顔に伸ばしてきた。

鼻と口の上に両手を置く。彼女の呼吸を止めようとしてきているのは明白だ。

しばらく息ができなくなった遠藤さんはそのまま気絶してしまった。

気がつけば翌朝の五時。

古くてガタつくドアの音に驚き目を覚ました彼女は、すぐに昨晩のことを思い出して身震いが止まらなかった。幸い無事だったのは、運が良かったのか、はたまた相手が子どもだったからか。その子は幼稚園児くらいに見受けられたが、もうどう考えても霊であることに疑いようがない。それでも、ただのいたずらと受け止めたい気持ちもあったが、いまいち腑に落ちない。どこか納得がいかなかった。

居間を出ると長い廊下があり、突き当りは玄関になっている。

遠藤さんは立ち上がり、俯いて床に目をやると、畳に大きな染みができていた。そして、すぐ隣には、やはり小さな子どもの付けた足跡。それが、玄関まで続いている。

この足跡はどこから来ているのか気になった彼女は、玄関まで来ると、扉を開けて外に出てみた。

すでに陽は出ていて、快晴だった。

玄関口から数歩歩けば古くなったブロック塀があり、出れば生活道路が左右に延びている。その出たすぐのところに、側溝のようなものがあり、生活用水を排水できるようになっていた。

足跡は、その側溝から始まっているように見て取れた。

それが何を意味するのかはわからなかったが、この不可解な現象に耐え切れず、すでに限界を感じていた。理不尽な恐怖を味わう日々に、遠藤さんは心身ともに疲弊していた。


翌日、出勤をするとすぐに、支店でひとりだけいる総務部の女性に話しかけた。

要件は、すぐに引っ越したいから、物件を探して欲しいというお願いだった。

総務の女性は本社からだいたいの話を聞いていたので、一体何があったのか遠藤さんに訊ねてきた。正統な理由がなければ、要求には応じられない。

遠藤さんは、この支店にやってきたところから、今朝のことまでを洗いざらい、話して聞かせた。自分でも少しヒステリックになっていると自覚しながら。

「え？　川が苦手だっていうのに、あんな場所に？」

遠藤さんは最初、女性が何を言っているのか理解できなかった。

「あぁ、知らないのも無理ないですね。もうずいぶん前に廃河川になったんです。暗渠って言いましてね。地下を流れているんです。遠藤さんの家、その上に建ってるはずです」

それを聞いた遠藤さんは即、職場から遠くても良いからと別の物件に移ったそうだ。

その後、縁があって結婚し子宝にも恵まれた遠藤さん。現在、娘さん夫婦から同居を打診されているそうだ。

生まれたばかりの孫もいて、せっかくなら一緒に暮らしたいと望んではいるものの、残念ながら川の近くに家が建てられてしまっていた。

「何か、川に呼ばれているような気がして……」

どうにかして、川との縁を切りたいのだと、遠藤さんは願っているということだ。

松原川《まつばらがわ》（佐賀県）

佐賀県佐賀市の松原に松原神社というお社がある。

ここでは、「流し雛神事」と言って毎年三月三日に開催される祭事がある。

女の子のすこやかな成長を願う行事だそうで、神社近くを流れる松原川で、雛人形が巫女によって願いを込められ、小舟に乗せられて流される。


さて、佐賀県に住む古賀さんという二十代の男性から、こんな話を聞いた。


当時十九歳の古賀さんは、その日、自身の住む唐津市から佐賀市を訪れていた。

目的は、流し雛神事。

仕事の休みを利用して、車で見物にやってきたのだ。

午後の三時には始まっていたらしいが、少し遅れての到着。すでに、人混みができ、辺りは賑わう人々で歩きにくくなっていたそうだ。

川に沿うテラスですでに神事が進んでいた。神主が祝詞が奏上し、巫女が舞う。

傾きつつある陽の光に、浮かぶ祭事場はとても美しく、観光に来たことを古賀さんは心の底から良かったと感動していた。

しばらくして、巫女による流し雛が始まった。

小舟が三艘。

巫女がうやうやしく川岸まで進み出ると、その場にしゃがみ、船を水面に浮かべる。

そのあとは、船が岸につっかえないように、長竿を持った者がその竿で船をついて誘導していく。

（うちの県に、こんな催し物がねぇ）

古賀さんは、ただただ感心してその光景を眺めていた。

――と。

自分が立つ位置から少し上流。ゆっくりと何かが浮かんで流れてくる。

なんだろうと思い、それをじっと見つめていると、近づいてきてわかった。

それは、金魚の形に折られた赤い折り紙。

それが、緩やかな水流によって運ばれてきているのだ。

他の見物人は雛の写真を撮ろうとやっきになっていて気がついてはいない。

見入るうちに、二匹、三匹と数を増していき、やがて目の前には五匹の金魚が。

よく見ると、かなり精巧に折られていて、表面の赤を金魚の体表にし、裏面の白を上手くはみ出させることによって二色の金魚が模られていた。

折り紙にあまり縁のない古賀さんは、誰が折ったか知らないが、ずいぶんと良くできた折り紙だと感心した。

その時点で古賀さんの興味は、流し雛から足元に向かってくる赤い金魚に移っていた。

よく見れば、そろそろ手の届く距離。

彼は、その場にしゃがみ込むと、すっと手を伸ばして一番近くに浮いていた折り紙の背びれ部分を摘まみ上げた。

その瞬間。

激しく金魚が動き出し、陸に上げられた魚のように激しく跳ねだした。

驚いた古賀さんは、反射的に指を離してしまった。

すると、金魚はそのまま勢いで水中へ。

比較的澄んだ水に、沈んでいく金魚が見える。

だが、再び浮かんできたときは、元の赤い折り紙金魚に戻っていた。

「えっ？」

彼は短く驚嘆し、再びその折り紙を手にしようとした。

が、すぐ左手、すぐ下流の位置から細く白い腕がすっと出てきて、その折り紙を拾い上げてしまった。

腕の主に視線を向けると、そこには着物を着た男女が一組。その女性の方が、彼の取ろうとしたものを手にしていた。そして、その奥には同じく着物姿の男性が、女性と同じようにしゃがみ込んで、こちらの顔をじっと見ていた。

周囲には、洋服を着た見物客が多い。何人かは着物姿だが、その男女の着物は見事で明らかに目立っていた。だが、それを誰も気にする様子がない。

女性が軽く会釈をして微笑む。同じ動作を男性も続いた。

古賀さんも釣られて会釈を返す。

そして古賀さんが顔を上げると、まるで最初からそこにいなかったかのように、ふたりは消えてしまっていた。

気が付くと、残りの四匹も流れていってしまったのか、視界の届く範囲からは消え失せてしまっていた。

「よくわかりませんが、幽霊でも見たのかとすぐに唐津に帰りました」

せっかくの休日だったのにと、彼は軽く首を振った。

千代川《ちよがわ》（鳥取県）

前述の古賀さんだが、コロナが流行り出す前に、もうひとつ不可解な体験をしている。それは、彼が今の奥さん、つまり当時の彼女と鳥取県に行くことになった日のことだ。古賀さんとその彼女は、感性がよく似ていた。ある日、古賀さんは彼女に自分の思い出話をした。その話は松原川の出来事についてだったが、その中には先の信じられないような出来事も含まれている。だから、古賀さんは折り紙の話は隠し、松原川のことだけを話した。彼女はこの話に興味を持ち、自分もそんな祭りを見物したいと強請ってきた。

そこでせっかくだからと県内ではなく、今度は昔ながらに雛流しを行う鳥取県へ行く計画が持ち上がった。

着いたのは、鳥取市から南に二十キロの位置にある鳥取市用瀬町という人口四千人くらいの小さな町。腕時計が正午を回るには、少し早い時間だった。ふたりは、まだ時間に余裕があるとして、観光を楽しむことにした。

駅に降り立つと、二階建ての木造家屋が目立つ。用水路を左に見ながら南西に進み、単線の踏み切りを越える。そこで、片側一車線の道路を渡ると、目的である千代川に突き当たった。

すでにお祭りのような空気感。運動会に使われるような白いテントが道路の片側に張られ、食べ物が売られている。それをファインダーに収めるために画角を一生懸命に探す写真が趣味らしき観光客。皆、同じ方向を歩いていくからこそ、この先で「もちがせの流しびな」が行われるのだと実感できた。

「もちがせ流しびなの館」を訪れて、事前知識を仕入れる。また、用意してきた弁当を広げ、河川敷で空腹を満たした。

それから千代川に出ると、幅の細い橋がある。そこを抜けて対岸に着くと、すでに観光客による流しびながいくつか。どうやら、体験コーナーらしい。

中州のようになっている場所には、防水対策をした観光客カメラマンが、岸でひなを流している着物姿の女の子を撮影していた。

しばらくして、本格的な流しびなが始まった。

先の用水路に引き返すと、巫女によって小舟が浮かべられ流され始めている。

また、千代川に戻れば、多くの観光客が流しびなを思い思いに楽しんでいた。

ふたりは、そこから下流、岸に並ぶ観光客たちが途切れた場所まで歩き、そこに腰を下ろして祭事を観覧することにした。

そんなときだった。

上流から流れてくる流しびなに混じって、折り紙でできた『だましぶね』がいくつか流れてきたのだ。

赤い折り紙。よくできた作りで、水の上にしっかりと浮いている。とても一枚で折ったとは思えない。

古賀さんは、松原川のことを鮮明に思い出して背筋が寒くなった。

「これ、なんだろ？　ねぇ、見て。なんか関係ないものが流れてきたよ」

その瞬間、彼女が無邪気な声で、その船を拾い上げて、古賀さんの眼前に持ってきた。

「……っ！」

古賀さんは驚いて声が出なかった。

「あれぇ？　なんか、折り紙だと思ったのに、普通の小舟だね。拾っちゃまずかったかな？」

対照的に、彼女はまだ笑顔で摘まみ上げた小舟をプラプラと振っている。

古賀さんは、その瞬間、何か不味いのではないかと焦った。

あのときのように、着物姿の男女がどこか近くにいるのではないかと、辺りを窺うと、真正面にふたり。

向かって右に男性、その左隣に女性が立っていた。それも、古賀さんたちを睨みつけて。

慌てて、彼女の手を叩き、小舟をはたきおとした。

すると、小舟は見事に着水して、先を流れる小舟たちに合流した。

古賀さんはその光景を確認すると、素早く正面を向いた。

着物姿の男女は、にこりと微笑むと、古賀さんに深々とお辞儀をして、折れた腰を戻しつつ、すっと消えてしまった。

「えっ？　なに？　どうしたの？」

古賀さんに抗議の声を上げる彼女。彼女は、着物姿の男女が居たことに一切気づいていないようだった。

その後、虫が止まってたなど、適当な嘘を吐いて彼女に謝った。

古賀さんたちは、もちがせの流しびなを楽しんだあと、唐津に帰ったということだ。

「あのあと、最後に人形のお焚き上げがあって、それを見物しました。そのとき思ったんですが、僕らの目の前に現れたふたり、あれってお内裏様とお雛様だったんじゃないかって……」

古賀さんは、彼らの立ち位置が明治時代以前の並び方だったことから、きっと古い人形が姿を現したのではないかと推察している。

千代川（PIXTA）

江戸川《えどがわ》（茨城県・埼玉県・千葉県・東京都）

江戸川は、日本の首都東京と千葉県の間を流れる大きな川だ。延長は五十五キロメートルで、利根川の分流で最終的には東京湾に流れ込む。

この川は、かつては利根川の一部だったが、江戸時代に大規模な工事が行われ、独立した川となった。この工事は、洪水を防ぐために行われたもので、その成果として新しい河川が生まれた。

江戸川は、釣りや水辺のレクリエーションに人気がある。特に、鮎やコイといった魚が多く生息している。また、川沿いには公園や遊歩道があり、いつ訪れても多くの人々が散歩やジョギングを楽しむ光景に出会える。

現在は都内でOLをしている美幸さんという女性は、中学生の頃に不可思議な体験をした記憶があるそうだ。

それは、ある春の日のこと。

江戸川沿いに住んでいた彼女は、毎日曜日には河原に折りたたみ椅子を広げて、写生をするのが趣味だった。

その日、熱心に描いていたのは、左へ極僅かにカーブする江戸川とその上に架かる市川橋の夕暮れ。

橋の先には、総武本線が走る鉄道橋が横たわり、時折、列車が通る。近くに河川敷を利用した野球場が何面もあり、自分と同じ年くらいの球児たちが声を掛け合っていた。

彼女は、足しげくこの場所を訪れては絵の完成に力を注いでいた。

その甲斐あって、ついに一枚の絵が完成する。

会心の出来栄えだと彼女は立ち上がり満足気に両腕で野外イーゼルから絵を取り上げると、目の前の光景と絵を見比べた。

——あれ？

美幸さんは口の中で疑問の言葉をつぶやいた。

絵をよく見ると、水面が遠くへと流れていく様子、生い茂る芝生、砂利の敷かれた地面、そして鉄道橋を横切る黄色く長い車両が描かれていた。これらは彼女が意図して描いたもので、何もおかしな点は認められない。

しかし、市川橋の袂には、彼女の記憶にないふたりの人影が描かれていた。一人は車椅子を押す女性、もう一人はその車椅子に座る初老の男性だった。

夕暮れの影で形がぼやけているものの、白い線で描かれたその姿は明瞭だった。女性はスカートをはいており、男性はラフィアハットをかぶっているように見えた。その姿から直感的に、この男性は初老であると彼女は感じた。

ふと、彼女の目はパレットに移った。

今日は仕上げの日だ。白色の絵具はいつもより多めに出していたが、使う予定はなかった。それなのに、筆に白色の絵具がついている。しかも、パレットの白色の部分には筆で掬った形跡が明らかにあった。

これは、つまり。

このふたりの人影は最後に追加されたものだということだ。しかし、彼女自身にはそのような記憶が一切ない。

不気味さを感じつつも、何よりも絵のバランスが崩れてしまったことに怒りを覚えた彼女は、橋の影を濃くして、白く描かれたふたりの人影を黒く消し去った。

その数日後、美幸さんの家庭に突如として悲報が届く。仕事中の父親が交通事故に遭い、車椅子生活を余儀なくされたのだ。もちろん母は父の面倒を見ていたが、美幸さんも自ら積極的に父の世話を始めた。

父が車椅子に座る姿を見て、美幸さんの脳裏に、ふとあの日の絵が過った。車椅子を押す女性と、それに乗る初老の男性。その男性はラフィアハットをかぶっていたが、父もよくそのような帽子をかぶる。

絵に描かれたふたりの人影と、現実の父と自分。その一致に信じられぬ思いはあったが、美幸さんは何か大きな意味があるのかと考えるようになった。

しかし、その答えはどこにもなく、ただ時が過ぎていくだけだった。

それから数年が経ち、美幸さんは高校に進学し、美術部員になっていた。

未だにあの不思議な体験は解明されていないが、彼女は再び江戸川沿いで写生を始めていた。今回描いたのは、市川橋と流れる川の様子だった。

絵が完成すると、美幸さんは再び何かがおかしいと感じた。絵の一角に、描いた記憶のないふたり組がいた。ひとりは相手に馬乗りになっている、もうひとりは馬乗りに殴られているようだった。

前回の経験から、家族に何か起こるのではないかと怯える美幸さん。しかし、数週間後、近くで暴行事件が報道された。そして、その事件が起きた場所は、美幸さんがよく訪れる江戸川沿い、しかも絵に描いた場所と同じだった。

さらに、美幸さんの描いた絵を美術室に飾ったところ、その事件を目撃した生徒が絵を見て、まるであの事件のようだと証言したのだ。

結局のところ、覚えがないながらにも家族を暗示してしまったと戦慄していた彼女は、胸を撫で下ろした。家族に不幸はなかったのだから。

時は過ぎ、彼女は大学生になっていた。

志望していた美術大学には入学できなかったが、都内の大学で文科系の学科に通いつつ、美術サークルに入り、趣味として写生を楽しんでいた。

大学生活も落ち着き、美幸さんは再び江戸川沿いで筆を取ることにした。今回のテーマは、鉄道橋と夜景。

しかし、絵が完成すると、またしても何かがおかしいと感じた。絵の一角に、描いた記憶のないボロ袋が描かれていた。そのボロ袋からは、不自然な角度で曲がった人の足が出ていた。

中学、高校のときの経験から、何か悪い予感がした。

しかし、今回は何も起きなかった。数週間、数ヶ月と時が過ぎても、報道されるような事件も、家族にふりかかる不幸もなかった。

「それから本当に何もなく、今はこうしてＯＬをやってます。いずれ何か起こるような気もしますが、そのときはあたしを含む家族だと思いますか？　それともまったくの他人でしょうか？」

美幸さんは、何も起きないことだけを願っているそうだ。

江戸川（著者提供）

奈良井川《ならいがわ》（長野県）

四十代の渡辺さんは、怖がりだというのに、今流行りのひとりキャンプが趣味だそうだ。新型コロナウィルスのせいで、人が密集する場所を避け、それでも自宅に引き籠らないような遊びを探した結果、キャンプに巡り会った。

大自然の音色、アウトドア料理の自由と美味さ、そして満天の星空。すべてが彼を魅了するのに、時間はかからなかった。

だが、テントの中で就寝するとき、ふと暗闇にひとりいるのが怖くなって、なかなか寝付けないのが玉に瑕なのだそうだ。

そんな彼は、ある週末の夕方、長野県は塩尻市を流れる奈良井川を訪れた。もちろん、ひとりキャンプに興じるためだ。

奈良井川は、長野県中信地方を流れる信濃川水系の一級河川である。延長は約五十六キロメートル、流域面積は六百五十平方キロメートルに及ぶ。中央アルプスの主峰、木曽駒ヶ岳の北に位置する茶臼山《ちゃうすやま》北壁に源を発し、塩尻市、松本市を貫流し、松本市大字島内で梓川《あずさがわ》に合流する。梓川は、この地点から犀川と名を変える。

奈良井川は、沿線の観光名所として中山道《なかせんどう》奈良井宿や贄川《にえかわ》宿を流れる。また、塩尻市・松本市の上水道用の水「松塩水道用水」はこの川から取水されており、安曇野地域の代表的な用水、拾ヶ堰《じっかぜき》の水源ともなっている。さらに、長野県営の奈良井ダム直下には奈良井発電所が設置されている。

この川は、松本盆地を東西に二分するように流れ、その流域には長野県の主要都市部が広がっており、多くの支流や橋梁が存在する。

電力会社の巨大な変電・送電所を横目に車を走らせ、広大な田畑に囲まれた河川敷に停車する。近くで農作業をしている農夫に駐車と宿泊の許可を取ると、彼は折りたたみ椅子を手に川辺へ近づいた。

エアコンが効いた車内と違い、夕暮れどきにも拘らず真夏の暑さが身体に染み込んでくるが、それ以上に川面を撫でて届く風が心地よかった。

足元は、ペグが刺さりやすそうな平たい草むら。これならば、寝心地も良いはず。

彼は、ここで一晩過ごすことを決め、テントを張りだした。

少し離れた場所から先ほどの農夫が手伝いを申し出てくれてはいたが、丁重にお断りを入れた。こういうのは、ひとりで行うからこそ楽しい。自分だけですべて決められてこそのひとりキャンプだ。

渡辺さんは車のトランクから次々に道具を運び出し、テントを張り終えると、さっそくケトルで湯を沸かしてコーヒーを淹れた。

夜の帳が下り、渡辺さんは夕食を作り始めていた。

飯盒《はんごう》で白米を炊いたあと、レトルトカレーを温めてカレーライスにする。

食事を終え、テントに入り、電池式のカンテラの明かり下、地図本を広げて翌日のドライブ計画を考えていると、遠くの方から何やら男女が争っているような声が聞こえてきた。

何だろうとテントの外へ出て辺りを確認してみるが、誰もいない。外灯などなく、遠くに建つ家屋の照明と月明かりだけの視界だったが、声の距離を考えると姿は見えても良さそうなものだった。

そのとき、踏み切りのカンカンカンという電子音が聞こえてきた。おそらく、昼間、車で走っているときに見た踏み切りが出している音だろう。ここからその踏み切りまで約二キロは離れている。

「……なるほど」

渡辺さんはひとり納得してつぶやいた。この音は風に運ばれてきているのだ。

だとすると、この男女の声も実はそうで、どこか遠い場所に音源があるはずだ。

気味が悪いな、と最初は思っていたが、タネがわかればどうということはない。

渡辺さんは、安心してテントに戻り、しばらくあれこれしていたが深夜になって就寝した。

あくる朝。日が出るか出ないかという時間に川の水で顔を洗い、目を覚ます。

網焼きを持ち出し、持ってきた缶詰の肉や野菜を使って、簡易的な朝食を作り始める。

食材が焼け始めると、辺り一面に食欲を刺激する香ばしい香りが漂った。

「……あれ？」

そのときだ。

川とは逆の方向、つまり渡辺さんの背後である車道側から、もうもうと白い煙が渡辺さんを包み始めたのだ。

この時間に野焼きなんてあり得るのか、と渡辺さんは疑問を抱いた。

もしかすると火事の可能性もある。火元はどこなのかと見回そうとするが、すでに煙のせいで視界は遮られ、まったく状況がわからない。

「ごほっごほっ！」

この煙が変に喉にからみつき、咳が出始めた。

しかも、目に染みる。涙まで止まらなくなってきたのだ。それに、何か燃料の臭いが鼻を突いてくる。五感をすべて奪われたような気分だ。

たまらず渡辺さんは、煙で自分が隠れているので、腹を出すことも厭わず、着ていたTシャツをめくり顔を覆った。

「う……げっ、げほっ！」

それでも足りなかったのか、渡辺さんはたまらず川の浅瀬まで走った。

そこはまだ煙の影響が及んでおらず、一息に視界がクリアになった。

その瞬間、渡辺さんが川に到着するのと同時に、煙の中から何かが動く気配を感じ取った。

「助けてください！」

女性の声だった。

まだ染みる目をこすりつつ、声のした方を見ると、誰もいない。

戸惑いで一瞬立ち尽くし、再び声のした方に目を凝らしたが、渡辺さんはすぐにあることに気づき、凍りつくように動けなくなってしまった。

それは、声のした方、いや、そのすぐ下。

女の白い両足だけが、川の浅瀬の中に立っていたのだ。

そして、そのくるぶしから炎が燃え上がり、太もものあたりまで燃え盛っている。

その上に、下腹部はなく、上半身もない。当然、首から上もないわけだが、なぜか明確に助けを求める声は聞こえたのだ。

「……っ！」

渡辺さんはあまりの出来事に声にならぬ悲鳴を上げて、その場に尻もちをついた。

彼の頭の中はもう、真っ白だった。

その直後、渡辺さんたちに追いついた白い煙は、再び彼の視界を奪った。

また激しく咳き込み涙を流す渡辺さんであったが、どうにかこの現象から逃れようと、下流へと可能な限りの力で走ったのだという。

気がつけば、テントを張った場所から三十メートルほど離れたところで、大きく肩を揺らし息を切らせて立ち尽くしていた。

あの女性の両足は、いつも間にか消え、白い煙も徐々に薄れていき、やがてまるで最初から存在していなかったかのように完全に消え去ってしまった。

わけのわからないものを見た彼は、警戒しながら岸に上がり、急いでテントや朝食の道具を片付けた。そして、一目散に車に乗り込み、その場から速やかに立ち去ったという。

「まぁ、結局何が起きたかなんてわかりませんよ。あの農夫さんに聞く余裕すらなかったわけですし。ただ、しばらくキャンプはいいかなって思っています」

そう言って渡辺さんは両の手で震える自分の身体をさすった。

奈良井川（写真 AC）

信濃川《しなのがわ》（新潟県）

信濃川は、言わずと知れた日本最長の河川である。調べてみると、新潟県域を流れている百五十三キロメートルが信濃川で、二百十四キロメートルの長野県域は千曲川と呼称が変化する。河川法では、千曲川を含む信濃川水系の本流を信濃川と規定しているので、結果、全長三百六十七キロメートルとなる。

さて、去年、亡くなってしまった大倉さんという男性から聞いた話だ。九十一歳だった彼の話はやや断片的だったが、それに基づいて、信濃川沿いで起きたと思われる出来事をまとめてみよう。

一九五二年当時、二十一歳の大倉さんは、ひとり旅に出ていた。仕事先で詐欺に遭い、家族に合わせる顔がなくなったため、住処を飛び出していた。彼は、軍用リュックをベースにデザインが洗練されたファッショナブルなバッグを背負い、着の身着のままで歩いていた。現代で言えば、バックパッカーのような出で立ちだった。

　この時代、食糧事情はそれほど深刻ではなかったが、一文無し同然になった大倉さんは手持ちのお金が少なく、食事をするのは困難な状況だった。そのため、水だけは絶対に確保できるように、川沿いを歩くことにしていた。

　その日、彼は一日歩き疲れ、川の水で喉を潤した後、視界に入った荒屋で一晩を明かすことにした。雨風さえ凌げて横になれれば、どこでも良かった。

　軋む木戸をありったけの力で開け、中に入るとガランとした四畳ほどの土間。屋根や壁の戸板からは月明りが差し込み、一種幻想的ではあるが、何か出そうだとも怯えた。隅には藁が申し訳程度に積まれているが、布団のような柔らかさは期待できないような湿り具合だった。

　夜が更け、次第に風の音が強くなっていく。

　月夜だった空はいつしか雲で覆われ、雨が落ち始めて、暴風雨へと変わっていった。

　大倉さんは、そこで不安になった。これでは、雨風を凌ぐどころか、この荒屋ごとどうにかなってしまうのではないだろうかと、寝転んだ上半身を起こした瞬間だった。

　——バタンッ！

　あれだけ建付けの悪かった木戸がいとも簡単に開け放たれた。

　一気に荒屋の中を荒れ狂う暴風が吹き荒れ、豪雨が吹き込んでくる。

　これはいけないと木戸を閉めるため手を伸ばしたそのとき。

人生で聞いたこともないような轟音とともに荒屋が崩壊した。

その光景を見た瞬間、大倉さんの記憶が途切れた。


次に記憶が再開したのは、下半身に冷たさを感じて目を開けてからだった。

気付けば、彼は川岸に上半身でしがみついたようなポーズで倒れていた。

先ほどの暴風雨はすっかり消え去り、空には満月と一面の星空。

大倉さんは冷えきった身体をどうにか起こして立ち上がると、したたる水を絞りながら周囲を確認した。

鈴虫の鳴く声。かすかに耳に届く蛙の合唱。そして、風に揺れる木々や葉の気配。

夏とも秋とも取れる季節の境目。

未だぼんやりとする頭を探る。

どうやら、自分が泊まろうとした荒屋が倒壊して、その衝撃で川に投げられ流されたようだ。夕方あたりまで自分が歩いていた場所と差して景色が変わらぬところを察するに、長い距離を流されたわけではなさそうだ。だが、自分がどこにいるか見当はつかなかった。

そこで大倉さんは、はたと周囲を見渡した。そして、自分が倒れていた場所に駆け寄り、月明りを頼りに川岸を探し回る。

リュックがない。

あの中になけなしの食料や金が入っていた。それをなくしたとなると、事態はわりと深刻である。必死になって可能な限りの範囲を捜索するが、期待した成果は得られなかった。

――ハクション！

それに衣服が乾かないので、身体も余計に冷えてきた。

このままではいけないと焦ったとき、ふと視界の奥に一基の鳥居が朧に立っている。

おそらくこれは、鎮守社というもので、鳥居を潜った先にはお堂か拝殿や本殿があるのではないかと思われた。

とにかく、このままここに居て再び暴風雨や雷雨に見舞われないという保証はない。それにリュックもなく、着替えも失っている。風邪を引くのも面倒なこと。

彼は慌てて、境内に足を踏み入れた。

中は鬱蒼として、木々に囲まれた広場になっていて、その中心には本堂がある。だが、それはずいぶんと前に打ち捨てられたのか、廃墟のような出で立ちで、ところどころが朽ちているのが、近づいてやっとわかった。

今にも抜け落ちそうな木製の階段を上がり、軋む廻り縁に出ると、ひどくやぶれた障子戸を開けた。瞬間、かび臭い匂いが鼻を突く。もう長く使われていないことは明白だった。

「おぉ……」

思わず声が漏れた。

外観はどう見ても廃寺なのだが、内装はすぐにでも法事ができると言われれば信じてしまうくらいに手入れがなされている。外陣の板張りから敷居を境に内陣の畳に変わり、中央の須弥《すみ》壇《だん》には本尊があった形跡が残されていた。天蓋《てんがい》（仏像などの上にかざす笠状の装飾具）や幢幡《どうばん》瓔珞《ようらく》（金色に装飾された一対の飾り物）が天井からぶら下がり、煌びやかな内観が、まだ人が去って間もないことを物語っていた。

「そこに誰かいるのかい？」

奥から声がした。

大倉さんは思わず口に手をやる。

先の漏れた声が奥の誰かに聞こえてしまったのだ。

一九五二年当時、前年まで犯罪は増加傾向にあったことに対し、この年から減少傾向へ転じている。とはいえ、暗がりに潜んでいた人物が危険である可能性は否定できない。彼は身を強張らせて息を呑んだ。

声から判断するに男。口調からは敵意を感じられない。大倉さんが、そう考え返答しようとしたとき、大倉さんが開けた障子戸から差し込む月明りの下にひとりの男性が現れた。

髪は長くボサボサに広がり、口髭や顎鬚がつまめるほど生え、泥に汚れた衣服を纏っていた。靴は履いておらず、裸足のまま。全体的に大柄で、柔道の経験者ではないかと想像してしまう。ただ、柔和な笑みを湛えていて、大倉さんが睨んだ通り、他人を害するつもりなどないのだと推測された。

「すみません。道に迷い……いや、信じてはもらえないかもしれませんが、川に流されて持ち物も失い、ここに一晩の宿をと思いまして」

伏し目がちに自分の状況を手短に語る。

この男はこれを聞いて訝しむだろうか。

「そりゃあ、大変だったねえ。一晩くらいなら、ここで休んでいくと良い。あぁ、自分はここに住んで二週間ほどになる者でね」

「住職さん?」

「いやいや。お恥ずかしながら野宿者(今のホームレスのこと)の身でね。あてもなくフラフラしているうちにここへ辿り着いて、かれこれ二週間ほど住まわせてもらっているんだ。まぁ、もうそろそろ出ていこうかとは思っているんだがね」

男は、若田部と名乗った。髭面に日焼けした顔で、年齢はわからなかったが、自分に対する態度や物腰から、三十を少し過ぎたあたりだと大倉さんは当たりをつけた。

「まぁ、そこに突っ立っているのも何だ。風も吹き込むから、その木戸を閉めてから、適当に寛いてくれ」

言いながら、男はどこに持っていたのか、蝋燭を一本、灯した。

男は畳の上に腰を下ろし、大倉さんは板の間に座った。

そこからは、お互いの身の上話の交換が始まった。

大倉さんは愚痴混じりに詐欺師の悪口を言い続け、それを男は何も言うことなく頷くのみ。

次は、男の番だ。

彼も似たようなもの。事業に失敗し、一家が離散してから、なんとなく生きているとぼやいた。男は、ひと段落すると、蝋燭の火で煙草をくゆらせ始める。

――ぐぅぅぅぅぅ……。

大倉さんの腹の虫が鳴いた。

「あんた、飯は？　ん？　あぁ、持ってないのか。そういや、荷物は流されちまったんだったか。それなら……」

指で挟んだ煙草で大倉さんを指し、食事は済ませたのかと問うてきた。

大倉さんは返答をしようとしたのだが、その前に男はひとり納得して、先ほど自分が顔を出した奥へ消えると、大倉さんが持っている物とは違ったリュックを片手に戻ってきた。

「まぁ、これも何かの縁だ。酒と少しの食い物なら入っているから、すこし飲まねぇか。で、腹が落ち着いたら寝れば良い」

男がリュックから取り出したのは、酒瓶と乾パンだった。

ふたりは、酔いが手伝ってかそれまで以上に饒舌なると、深夜まで語り合った。

それから、どのくらいの時間が経ったか。

大倉さんは、寒さに震えて起きた。

木戸の障子が破れた格子から、陽の光が差し込んでいる。

どうやら、早朝の寒さに起こされたようだと、大倉さんは勘付いた。

周囲に目をやると、夜の暗がりで細部まで気がつかなかったが、やはり朽ちている度合いがひどく、ここは廃寺なのだと再認識させられた。

そういえば、あの男はどうしたのだろうと、辺りを見回すが姿どころか昨晩使用した蝋燭やその台、彼のリュックも見当たらない。

ここに住んでいるとは言っていたが、出ていくとも話していた。

もしかしたら、言葉通り、自分が寝ている間に、それこそ夜明け前に旅立ったのではないかと考えた。

大倉さんは、身体を伸ばすと軽くストレッチをして、頭をはっきりとさせた。

破れた障子の先を窺うに、外は快晴だろう。

昨晩は少し飲み過ぎたようだ。

わずかだが、頭痛がする。

まずは、川の水で顔を洗い水分を補給しようと、木戸に向き直ろうとした。

——と。

何か違和感を覚えた。

はて、このひっかかる感じは何だろうか。

男がいなくなったから。

いや、そうではない。今、目にしている風景が釈然としない。どこか腑に落ちないのだ。

では、どこがおかしいのか。

大倉さんは、まじまじと、そしてゆっくりと舐めるように本堂を見回した。

「……ん？」

ある瞬間だった。

その違和感が明確な形となって彼の前に現れた。

「あぁ、多いんだ」

それは、内陣の天井にぶら下がった幢幡瓔珞が多い気がする。

次の瞬間、大倉さんは大きな悲鳴を上げるとともに、腰から後ろに崩れ落ちた。

自分以外誰もいないのに、誰かに指し示すように震える手で指を差し、あわあわと何か言おうとして、声にすらなっていなかった。

多くなったと思った天井からぶら下がった装飾品。

それはそうではなく、あの男が首を吊って死んでいたから増えたのだと勘違いしたのだ。

もう正常ではいられなかった。這う這うの体で本堂を出て、階《きざはし》を転げ落ちるようにして地面に這いつくばると、立ち上がり転びを繰り返しながら、鳥居を潜っていった。

そこからはもう記憶がない。どこをどう走ったのか歩いたのか。一番近くの民家の門を叩くと、中から出てきた住人に事の仔細を話し、警察へ渡りをつけてもらった。

何時間か待つと、何人かの警察官がやってきた。

再び大倉さんは、住人に話したことを警察官たちに伝えると、同行して欲しいと頼まれた。

「いや、それが……」

大倉さんが恐怖のためにそこまでの道筋に記憶がないのだと言うと、それを聞いていた地元の住人が廃寺までの道を教えてくれた。

それに従って警察官を伴い廃寺に行くと、たしかに昨晩酒を酌み交わした男は天井から首でぶら下がり、見る影もない姿になっている。

状況は理解しましたと警察官に言われ、鳥居の外で待つようにと促された。

しばらくして、ひとりの警官が本堂から小走りに出てきて、大倉さんに話しかけてきた。

「すみません。ひとつ、お聞かせ願いたいのですが」

警官は目を細め、懐から手帳を取り出した。

「は、はい、何でしょうか?」

「あなた、昨晩、本当にあの男性と話したり飲んだりしましたか?」

「ええ、もちろんです。何か家を失ったと嘆いていたので、それを苦に……というところだと思います」

「そうですか……。いえ、しっかりとした調査を行わないと何とも言い難いのですが、発見されたのは死体だけ、飲み食いした痕跡はありませんでした。あなたの証言にあったリュックも見つかっていません」

「え？　そうなんですか？　自分はたしかにあの人と……」

「それに、どう見ても死後半月は経っていそうだと」

「えぇっ？」


その後、大倉さんの家族の証言や、男の具体的な身元がわかる過程で、大倉さんは容疑者から除外された。男は、自ら命を絶ったのだと結論付けられた。


今でも、大倉さんはこのことを、ふと思い出す度に、スッと背筋が寒くなり、冷や汗が身体を伝うのだという。

「体験そのものは、死んだはずの人と一緒に一宿を共にしたと、よくある怪談かもしれんが……それよりも何よりも、あのリュック。いったい何を食わされたのかと思うとな、今でも一睡もできなくなる日があるのだよ」

そう話してくれた大倉さんは、そこからちょうど半月後に息を引き取った。

信濃川（写真 AC）

千曲川《ちくまがわ》（長野県）

　水源地域である長野県川上村の伝説によれば、大昔に高天原《たかまがはら》に住む神々の間で大きな戦いがあり、この時に流された血潮によってできた川とされており、その血潮があたり一面隈なく流れた様子から「血隈川」と言うようになったという伝説もある。


　須垣さんという四十代の男性が、高校時代の話を教えてくれた。

　それは、よく晴れた初夏の日、羽虫を避けてガラス窓を閉め切っていたにも拘らず、虫の声がはっきりと耳に届くほど静かな夜だった。

　とくにすることもなく、夕食を食べ終えた彼は二階の自室に戻り、勉強机の上にスナック菓子とジュースが入ったコップを置いて、マンガ雑誌を読んでいた。普通なら、ベッドの上でゴロゴロしながら……となりそうなものだが、以前にジュースを溢してしまい、母親にこっぴどく叱られたことから、このような形での読書となったのだ。

　窓越しには、街灯が明るく輝き、月明かりも加わって少し離れた向かいの家がぼんやりと浮かび上がっている。眼下には生活道路が左右に延びていて、その中央をジョギングをする初老の男性が駆け抜けていく。

据え置き時計は、二十二時半を示していた。

ふと、ジュースに手が伸びる。が、中は空。マンガに夢中で飲み切ってしまったのだと気がつかなかった彼は、階段を下りて一階の台所へ行くと冷蔵庫を開けた。

ジュース、麦茶、牛乳、そして親のビール缶。

口内が甘くなっているような感覚と、夜も遅いからこれ以上はと、すっと麦茶の容器に手が伸びたところで、ぴたりと動きが止まった。

彼は冷蔵庫の扉を静かに閉めると、背後にある食器棚に向き合った。

上部にある観音開きのガラス戸を開け、中から取っ手のあるコップをひとつ取り出した。

和室でテレビを観ている姉に声をかけ、川まで散歩してくることを告げた。

須垣さんは、玄関で靴を履き、鍵をかけて外を歩き始めた。

――こんな夜は、川の水を飲むに限る。

彼がたまにすることだった。

たしかに、暑い夜に冷えた麦茶を飲むのは美味い。が、川の水を直接飲むというのは、なんとなく特別なことのような気がして、ついつい足が向いてしまうのだ。

実際、調べてみると飲料用としては問題がないようで、観光客用にコップが備え付けられている場所もある。ただ、水温は上流ではそれなりに冷たいようだが、彼の住むあたりでは、冷えているという表現からは少し遠いようだった。

須垣さんは、少し散歩をして自宅から離れた場所までくると、鬱蒼とした河川敷を進み、川辺に屈みこんだ。

流れる澄んだ水。

不意に辺りが暗くなるのを感じて、彼は空を仰いだ。

すると、家を出るときには見事な月夜だったはずだが、いつの間にか、斑《まだら》の曇り空。

そういえば、風も出てきたように思える。

(明日の朝は傘が必要になるかもしれないな)

そんなことを考えながら、左手でコップを水面に近づけたそのときだった。

人の気配がする。

そう感じた須垣さんは、それ以上動けなくなってしまった。それは、金縛りというわけではなく、異常事態を察知した恐怖感からだった。

ここに来るまでの間、誰ともすれ違わなかった。

今この瞬間までも人影など、どこにもなかったはずだ。

それなのに。

対岸にふたり。

そして、こちらの川岸、横数メートルの距離にひとり。

目の焦点から外れたところに、真っ黒な人影がこちらを窺っていることがわかる。

ローブのような着物に身を包んだ対岸の者たちは、じっと視線をこちらに向けたまま佇み、横の者は身体を川に向け、顔だけをこちらに向けていることが、なぜだかわかる。

月明かりに照らされ、姿は飽くまでも黒く、フードの中はより一層黒く塗りつぶされたように顔がないようにも感じられた。

大鎌こそ手に携えていないが、西洋の死神というものが本当に存在するならば、きっとこんな外見なのだろう。

彼ら？　彼女ら？　の目的がわからない。

とにかく不気味だ。

——ひとり足りない。

直感的に頭に過った言葉だった。

なんとなく、この者たちが奇数ということが気になった。

あとひとり居れば、ちょうどではないか。

そう思った瞬間、須垣さんの全身から滝のような汗が流れ始めた。

次の瞬間。

いつから止めていたかわからない呼吸を再開し、大きく息を吸うと、彼は無理やり恐怖で固まった自分の身体を起こし、一目散にその場から走って逃げた。

転がるように玄関先までたどり着くと、右手で半ズボンのポケットに入れた鍵を取り出して鍵穴に何度も挿そうとするが上手くいかない。それでも、何度目かに成功してどうにか家の中に躍り込んだ。

上がり框《がまち》に座り込み、気がつけばガチガチに握りしめたコップを自分の意思で離すことはできず、もう片方の手で指を一本ずつ引き離していった。

全身から嫌な汗が流れている。しかし、シャワーすら浴びる気になれず、そのまま自分の部屋へと戻った須垣さんだった。

部屋の中に入ると、背を扉に預け、大きく深呼吸をする。

あれはいったい何だったのか見当もつかない。

姉に話すか、親に相談するか。信じてはくれないだろう。

いろいろと考えたが、その場から逃げることで事態は解決している。あれこれと悩んでいても始まらないという結論に至った。

彼は再び台所まで行き冷蔵庫を開けたが、当初の予定である麦茶など飲む気になれず、ジュースをコップいっぱいに入れた。

部屋に戻り、勉強机の上にコップを置き、椅子を引いて座ろうと腰を下げ始めたとき。

――あれ？

窓の外が真っ暗だった。

墨汁で徹底的に塗りつぶしたような闇が広がっていた。

その瞬間、状況を理解した須垣さんは気を失って倒れてしまった。

いくら天気が悪くなったところで、外灯は光って見えるはず。それでも、窓の向こうは闇だったのだ。それは……………。

「窓に貼り付いて部屋の中を窺っているあの三人の姿を見たような気がしたんです。それで驚いて……」

翌朝、部屋の床に倒れているところを、起こしにきた母親に発見された。

その際、勉強机の辺り一面にジュースをぶちまけ、自身もジュースまみれになっていたことで、烈火のごとく怒り狂った母から部屋で飲み食いを禁じられてしまった、ということだ。

千曲川（写真 AC）

伊比井川《いびいがわ》（宮崎県）

伊比井川は、宮崎県日南市を流れる川だ。この川は、日南市の自然環境において重要な役割を果たしていて、伊比井川の周辺は、豊かな自然に囲まれ、地域の生態系や生物多様性の保全に寄与しているそうだ。また、地元の人々にとっては、レクリエーションや釣りの場としても親しまれている。


梅津さんは、毎年、何度かある親戚の集まりに顔を出すのが嫌だったそうだ。

正月。ゴールデンウィーク。夏休みの盆。

昭和五十年代の話だというから、当時の大型連休の都度、集まっていたということになる。

彼は生まれてから現在まで、長らく茨城県の自宅に住んでいるので、移動の手間もあって、かなり面倒だと考えていたようだ。

それと、苦手な身内がいたのも、集まりを嫌った理由であった。

必ずといって良いくらいに居る、叔父。父の妹の婿である。

背は異様に低く、両目は人よりも左右に離れていて不気味、口角の両上にちょびヒゲを生やし、げっげっげっと下品に笑う。

彼の中で、『河童の叔父さん』と呼ぶくらいに、絵本や妖怪画集で目にする河童のイメージそっくりだった。この容姿で、頭に皿がなく甲羅も背負ってないのが不思議なほどである。

しかも、夜の酒宴では、いつも酒と一緒にきゅうりを好んで食べていた。


梅津さんが小学三年生のとき。

その日の集まりは、母方の祖父の家だった。

祖父が車で空港に迎えに来てくれていた。それに乗り、移動していると、川沿いに差し掛かったとき、川を誰かが泳いでいた。

同じく後部座席に座っている母にそれを伝え、一緒に窓の外を見る。

あれは、叔父さんなのだと、教えられた。

幼心に、やたら泳ぎが上手いのだな、と感心した。


そして、梅津さんが小学六年生のときのことだ。

そのときの集まりは、やはり母方の祖母の実家だった。

祖父の家からは少し離れた場所で、より川沿いに近かった。

何日か泊まっていた、夕方。

大きな台風が上陸、あるいは接近するという予報が流れた。

令和の時代にあって、事情がどうなっているのかはわからないが、この当時、農業用の水路などの管理は持ち回りで地域の男性がやっていた。

今年は祖父の番で、祖父は慌てて水路を確認しに出かけた。もちろん、外はすでに暴風雨で、とても傘など差せる状況ではなかった。

それでも祖父は必死に暗闇の中、水路の要である堰板や水門の状態がどうなっているのか、様子を見るために歩を進めていた。

これは、現在でもよくニュースで耳にすることだ。特に足を滑らせて急流に飲み込まれて命を落としてしまう人がいる。農業と無縁の人であれば、何もそこまでしなくても、と思ってしまうかもしれない。さらに、人ひとりが様子見したとして、致命的な増水になっていれば為す術などない。それでも、行かなければならないのは、心配して見に行ったという実績を作るためだ。もし、その実績がなければ、晴れたのち、村八分になってしまう。

そんなことになっては、家族ごとその地域で生きていくことはできないため、誰もが当番のときは必死になるのだ。

大人たちが事情を把握している中、梅津少年だけは真剣に心配した。

彼は、大人たちの目を盗んで、祖父を追いかけた。自分に何ができるかなど、どうでも良かった。何か役に立てればと考えたのだ。

追いかけた先、水門の様子を窺う祖父の背中が見えた。どうやら、水門の役割を果たせていない鉄板をどうにかしようとしている。

これは危ないな、と思った瞬間だった。

フッと祖父の姿が闇の中に消えた。慣れない作業と暴風のせいで足を滑らせたのだ。

助けるつもりで、駆けだそうとしたそのとき。

どぶん、とさらに下流で何かが川に落ちた音がした。

吃驚してそちらに視線をやると、叔父が必死の形相で祖父を抱き抱えていた。

叔父は親戚とニュースを見ながら、祖父の家の居間で酒を飲んでいたはず。

いったい、いつから外に出ていたのか。

そんなことを考えていると、叔父が強引に川岸へ祖父を放り投げた。あの小さな身体のどこにそんな力があるのか、自分の目が信じられなかった。

これで祖父は助かったと思ったのも束の間。

今度は、助けた叔父が急流に飲み込まれ、水中に姿を消してしまった。

梅津少年は、苦手でも親戚、助けなくてはと思い、無我夢中で下流へ走っていった。

途中、何度も水面に顔を出す叔父であったが、泳ぎの得意な叔父をもってしても強い水の流れに逆らうことができないのか、見る間に海へと続く用水路の分岐点まで流されてしまった。

行く手に視線を走らせると、自分が走れるような地面もなくなってきていた。

もうこれ以上、追いかけることはできない。

自身の危険も同時に感じた梅津少年は、ついに諦めて、流されていく叔父を見送ってしまった。

それから梅津少年は追いかけてきた父親に捕まえられて、家に連れ戻され、それはそれはきつく叱られた。

その後、叔父のことを父に話すと、渋い顔をした父は諦めるしかないと、小さな声でつぶやいた。

翌日の台風一過。

とてもよく晴れた日の出とともに、近所の人が梅津家の人を呼びにきた。

それによると、なんでも用水路が伊比井川に注ぐ場所に、叔父が打ち上げられているとのことだった。

親族全員、慌ててそれぞれの車に乗り込むと、現場に向かった。

そこにびしょ濡れで倒れていたのは、紛れもなく叔父。

「大丈夫か⁉」

詰め寄る親族たちに一言、叔父は虫の息のような声で話した。

「か……海水は駄目。海水だけは無理なんだ……」


そのとき梅津少年は子ども心に、やはり叔父は河童だったのだと、確信したのだという。

その後、病院に運び込まれた叔父に会うことはなかったが、翌年再び祖父の家の集まりに行くと、普段通り叔父が居た。

だが、知っている叔父とは似ても似つかぬ人がそこに居たのだそうだ。

しかし、家族や親戚一同は叔父をいつもの叔父と認識していた。

狐につままれた気分になったが、あの叔父はどこに行ってしまったのか、今でもわからないのだそうだ。

牛津川《うしづがわ》（佐賀県）

牛津川は、佐賀県多久市西部に源を発する一級河川で、延長約二十七キロメートル。八幡岳付近が水源で、多久市内を東に流れ、多久盆地の河川を合流した後、南へ向かい筑紫《つくし》平野に入る。上流はかつて多久川《たくがわ》と呼ばれ、小城《おぎ》市牛津町牛津で牛津江川《うしづえがわ》と合流し、白石町福富付近で六角川に合流する。最下流部は三角州と考えられる平坦部を下刻する蛇行帯が特徴的だ。江戸時代以降の干拓地もあり、河口から約十二キロメートルの古賀橋下流までが感潮区間。明治時代前には、牛津河港から米や石炭が運ばれ、栄えた歴史がある。

真夏、怪談の取材をさせてくれるということで、友達の友達の親戚の……要は交友関係の伝手《つて》で、今は閉店してしまった蕎麦屋さんを訪ねたときのことだ。

榎本さんは、いわゆる脱サラから趣味の蕎麦打ちが高じて、店舗を構えるようになった。それは、昭和後期のことで、七十を越えた今では年金と貯金で暮らしているのだという。

コロナ禍で打撃を受けた今、蕎麦打ちは再び趣味に戻っている。

「まぁ、これでも食べながら聞いてやってください」

暑い中、対面のテーブルに出されたざるそばを手繰りながら取材をさせていただいた。

榎本さんの家は、当時、それなり広い土地を所有していた。

幼い榎本少年は、正確な面積を理解してはいなかったが、祖父からはとにかく広いのだと教えられて育った。

その祖父が亡くなり、父が相続をした。そして、父も亡くなりついに相続が自分の番になったとき、初めて正確な自用地の境界がどうなっているか図面を確認した。

しげしげとその白地図を眺めていて、ふと気になることがあった。

小屋だ。

川沿いに建てられた一棟の陋屋《ろうおく》。自宅からは遠く、祖父も父も、このことについて触れなかった。誰かが入るところを見たことがないそれは、廃屋と言っても良い。てっきり誰か他の所有者がいると思っていた。そもそも、土地というのはどこか長方形や台形のような形をしていると思い込んでいたが、半島のように突き出て、そこだけ自分の土地だということがわかった。

興味を持った榎本さんは、すぐに出かける支度をすると、小屋の調査に向かった。

「おぉ……」

着いてすぐ、思わず感嘆のため息が漏れた。

子どもの頃より、自分には関係ないと決めつけ近寄らなかった。親たちも自分の前で話題にすることもなかった。

そのためか、この小屋を遠目に見ることはあっても近づく用事などなかった。

彼が関心したのは、小屋の出入口から逆面に備え付けられた水車のせいだった。

父が亡くなる直前までこの水車小屋を整備していたのだろうか。いや、それは考えにくい。なぜなら、父は長く入院した末の絶命であったからだ。

だが、外観は、すぐにでも使用できるほどの手入れがゆき届いた状態であった。

不思議に思ったが、入り口の引き戸に手を掛けた。

中も外観同様、廃屋という言葉からは程遠いくらいに整えられていた。特に、水車と連動する石臼は見事な造りで、何のメンテナンスもせずに使えそうだった。

床にはわずかな穀粉が残っていたことから、織物生産や金属加工などではなく、何か食品になるものを作っていたのだと推測できた。

そのときは、これも自分の物になったのだな、としか思わなかった。

それからしばらくして、彼は蕎麦打ちを趣味とするようになった。

当時、蕎麦打ちが突然人気を博し始めていた。

彼はこの新たな趣味に深く魅了され、将来的には仕事を辞めて蕎麦屋を開業することさえ考えるようになった。

事実、この時期には彼のような人物が多く現れていた。特にサラリーマンの間では、本業を辞めて自分の店を持つという傾向が多く見られた。

そんな中、すぐに頭に浮かんだのは、あの水車小屋。あれで蕎麦粉を挽けば、格別な風味を出せる、店開きした際に客へのアピールになる、他の店との差別化に繋がると、内心ニヤリとした。

だが、ことはそこまで甘くはなかった。

信頼できる仕入れ先の選定、理想の味わいを生むそばの実の選択、そして最適な蕎麦粉を得るための石臼での挽き方。それぞれのプロセスを単純化して語るのは簡単だが、実際には想像以上の労力が必要だった。

特に、石臼での挽き方は他のどの作業よりも難題となった。信頼できる仕入れ先を見つけることも、適切なそばの実を選ぶことも、一定の努力と時間をかけて何とか解決できたが、石臼を使って理想の蕎麦粉を作り出すことだけは、なかなか思うように進まなかった。

しかし、ある日、事態は思わぬ方向へと進んだ。榎本さんが石臼で蕎麦粉を挽いた後、急用で家に戻らざるを得なくなり、挽きたての蕎麦粉を水車小屋に放置したままにしていた。数時間後、戻って蕎麦粉を使って蕎麦を打ってみると、これまでのどんなものとも比較にならないほど理想的な仕上がりとなった。榎本さんは、水車小屋の特有の湿度と温度が、蕎麦粉の風味と食感を高めるのに最適だったと思い込んだ。以来、彼は挽きたての蕎麦粉をわざと水車小屋に一定時間置いて寝かせるようになり、この環境が蕎麦の品質を向上させる秘訣だと信じるようになった。

それから、彼は自己資金と少しの銀行融資を組み合わせて、待ち望んでいた蕎麦屋を開店させた。

客足は上々だった。誰もが、とはならないものの、客の多くは蕎麦の味を絶賛して帰っていく。榎本さんは、売り上げに伴った自信を付けていった。悩みといえば、蕎麦の製法から多くの蕎麦玉を作れないことくらいだった。

そんなある日のこと。

営業を終えた榎本さんの下に、近所に住む農夫の友人が訪ねてきた。

友人は、あることを伝えにきたのだという。

榎本さんが、早朝に水車小屋から出ていくと、数分して子どもがひとり、川から這い上がり、ずぶ濡れのまま小屋に入っていくのだという。何かただならぬ感じがする、悪戯の類だとは思うが、食品を扱っているなら、警戒した方が良いだろうと忠告をしてくれた。

榎本さんは友人に礼を言い、店仕舞いを始めた。

翌日、彼はいつものように石臼にそばの実を仕掛けると、見通しの良い畦道から離れた草むらに身を隠した。

すると、彼がしゃがむと同時に、水車小屋のすぐ横の川岸から男の子がひとり、這い出てきた。その子は、当時の子どもたちによく見られたような、色あせたTシャツに膝が出るほどの短いパンツを身に着けていた。用心深く左右をキョロキョロと窺い、腰を低くして小屋に近づく。

そして、ガラリと引き戸を開け、素早く中に入っていった。

聞かされはいたものの、榎本さんは驚いて、すぐさま小屋へと走った。

閉じられた引き戸を乱暴に開けると同時に、あらん限りの声で怒鳴った。

——と。

男の子は、榎本さんに気がついてもいないのか、まったくの無視を決め込んで、石臼を上から覗き込んでいる。

いったい何をしているのだろう、どんな悪戯をしているのだろうかと榎本さんが数歩近寄ったとき、彼は声も出せないほどに驚いた。

男の子はたしかにびしょ濡れだった。それを気にも留めていないことは不気味だったが、それ以上にその子が何か黒いものを嘔吐していることに戦慄を覚えた。何よりも、蕎麦の芳醇な香りと共に漂う独特な嘔吐物の臭いに眩暈がした。

それでも、この石臼と小屋を守らねばならない。

彼は震える足を必死に動かすと、男の子の首根っこを捕まえて石臼から引き離した。

そこで初めて絶叫した。

子どもが吐いているのは、川岸に転がる湿った石の下に蠢いている名も知れぬ黒い虫の大群だった。ヤスデやダンゴムシくらいはわかった。だが、他にも見たことはあるが、何という種類の虫かわからない。いや、重要なのはそこではない。子どもは、その塊を石臼、つまりは蕎麦粉に吐き掛けていたのだ。当然、もの入れ（この場合、そばの実を入れる穴のこと）に虫が入っていき、実と一緒に擦り潰されていることだろう。

一瞬にして頭が沸騰し、彼は力任せに小屋から男の子を放り出した。

振り返ると、吐瀉物にまみれた蕎麦粉の山があった。これでは当然のことながら打つことはできない。彼は膝から崩れ落ち……と思ったとき、乾いた砂が水を吸収するように、蕎麦粉は虫を含んだ黒い液体を染み込ませていった。

商売の要である。彼は慌てて両手で蕎麦粉に触れてみたが、不思議なことにいつもと変わらない感触であった。

とにかく、使える使えないは一先ず置いておいて、榎本さんは男の子を叱ろうと小屋の外に出た。

そこには、子どもが倒れたように横たわっていた。一瞬、乱暴にしてしまって気絶、最悪殺してしまったのかと焦ったが、どうやらそのまま泣いているようだった。

そこで安心して、彼はいったいどういうつもりなのかと問い質そうとした。と、子どもは蝋燭に火を灯したときのようにドロリと溶け、地面に染みていってしまった。残ったのは、濡れた染みの跡だけ。

榎本さんは何が起きたのか見当がつかなかった。

とにかく気味の悪いものを見てしまったのだと怖くなり、その日はそこで店に帰ると臨時休業の貼り紙をして、寝込んでしまった。水車小屋を掃除する気にもならなかった。


あくる日。一応借金がある身の彼は、休むわけにもいかず、蕎麦粉を挽きに出かけた。再びあの気持ち悪い子どもが現れないか、近くで見張りながら、粉が完成するのを待った。それが良かったのか、何事もなく、無事に蕎麦粉を手にすることができたのだが、困ったことが起きた。

店に戻り、いつもと同じように蕎麦を打っても、以前の味には程遠いのだった。

榎本さんは焦りを感じた。何度も試みるが、成功することはなかった。試食する蕎麦は、美味いとは言い難く、客に提供するには有り得ない品質だった。

店の評判が落ちてしまう。そもそも蕎麦には一家言あるのだ。彼は自分に嘘をつけず、この日も臨時休業を決めた。

しかし、その後、榎本さんは諦めずに試行錯誤を続けた。今までの工程をしっかりとこなし、少しずつ改善を重ねていった。毎日、頭を過るのは、あの男の子のことだった。そして、ついには以前のレベルに近い蕎麦を打つことができるようになり、店の営業を安定させることに成功した。

榎本さんは、今でも、ふと考えることがある。

祖父や父は、なぜ自分が相続するとわかっている水車小屋の話題を自分に伝えなかったのか。理由は、自分をあの小屋に関わらせたくなかったのではないかと考えた。

それは、あの男の子が関係しているのではないか、とも。

なぜあの子は泣いていたのか、なぜ虫の入った液体を吐いていたのか。

考えてもわからないことばかり。

残念ながら、例の水車小屋は落雷の自然発火で燃え落ちてしまったそうだ。

「まぁ、そういうわけで、実はコロナ禍を理由に店を畳めてホッとしているんです」

榎本さんはばつが悪そうに頭を掻きながら笑った。

「あ、遠慮なさらないで。その蕎麦は当時の美味しさのままのはずですから」

持った箸が宙を彷徨ったのは、言うまでもない。

荒川《あらかわ》／隅田川《すみだがわ》（埼玉県・東京都）
旧岩淵水門。

その色から、通称赤水門と呼ばれるこの場所は都内でも有名な心霊スポットなのだそうだ。アニメ化した某漫画でも強力な心霊スポットとして取り上げられたことで、より一層知名度を上げたことだろう。

旧岩淵水門の歴史は長く、大正五年（一九一六年）に着工し、大正十三年（一九二四年）にその姿を現した。建設から約百年が経過しようとしている。

この水門は主にコンクリートと鋼で構築され、幅九メートルのゲートが五つ設けられている。昭和三十五年（一九六〇年）には、航行の便を図るための改修工事が施された。

しかし、その後、地盤沈下や左右岸の不均等な沈下という問題に見舞われた。新しい水門の完成に伴い、旧水門の使命は終わりを告げた。しかし、地元住民の強い要望により、その存在は保存されることとなった。その価値は土木建築物として再評価され、平成七年（一九九五年）には産業考古学会によって推薦産業遺産に指定され、平成十一年（一九九九年）には東京都選定歴史的建造物に選ばれた。

現在、この水門の上部は歩行者と自転車専用の橋として活用されており、中之島と呼ばれる中州のような水門公園へのアクセスが可能である。公園内には、昭和十三年（一九三八年）から昭和十九年（一九四四年）にかけて行われた全日本草刈選手権大会を記念して建てられた「草刈の碑」という石碑が存在する。


今から二年前、その旧岩淵水門に肝試し目当てで遊びに行った男がふたり。

夏の夜中、浅見さんという社会人二年目の男性は、私立高校時代の同級生今泉さんを誘い、地下鉄の赤羽岩淵駅に来ていた。

コロナ禍で、別々の会社に勤めるふたりは、同じような境遇で在宅勤務になり、ほとんど自宅から出ることができかった。暇を持て余したふたりは、夜ならば人混みを避けられると考えて、二十二時に駅で待ち合わせをしたのだ。

三番出口から国道１２２号線を北東に進み、交番を左手に見ながら右折していく。

途中、歩道沿いにぽつんと佇む小さな男女共用の公衆トイレがあり、その暗がりから漂う不気味な雰囲気に、ふたりは思わず少しだけ車道側に身を寄せた。

国道が近いからか、この時間でもそれなりに交通量があり、車の走行音が絶えず聞こえてくるのだが、周囲に人影はない。

さらに東に進み、新河岸川《しんかしがわ》を岩淵橋で渡り切ると、左手眼下にバーベキュー場が広がっている。おそらく、コロナの影響さえなければ昼間はかなりの人で賑わっていることだろう。しばらく歩いていると、前方にふたつの水門が姿を現した。

奥に、青水門と呼ばれる現行の岩淵水門、そして手前には今回の目的である旧岩淵水門が静かに建っていた。

ここまですれ違ったのは、ジョギングをしていた外国人ひとりのみ。

彼らは、さっそく旧岩淵水門に近づくと、水門を細かに眺め始めた。

水門の下流側には、石畳の道路が延びていて、その先は中之島がある。ここは、すでに新河岸川ではなく隅田川となっている。時折、水の流れる音……いや、岸にぶつかる波の音が耳に心地良い。

「なんだ、何も出ないじゃん」

今泉さんが不満を口にする。

「まぁまぁ。出るか出ないかは運だろ。それに深夜ってほどの時間でもないし」

浅見さんがそれを宥めた。

「深夜に来てみたいけど、お前に合わせると帰れなくなるんだよ。俺は零時前に帰らないと終電なくなるしなぁ……。家族も心配するし。本当に何かいねぇかな」

ふたりは口々に感想を言い合いながら、水門を外れた場所から下を覗き込み、隅田川の水面の様子を窺っていった。

　というのも、この旧岩淵水門に出ると言われているのは、この水門周辺でのこと。

　バラバラにされた手足が浮かんでいるのを見ただとか、水死体が浮かんでいただとか。

　他にも、中之島や水門から飛び込む女の霊が目撃されるのだとか。

　この地は、荒川と隅田川の分岐点。心霊スポットとされているのは、上流の荒川から流れてきた死体がこの旧岩淵水門で堰き止められて多数発見されたことに由来する。

　『荒ぶる川』として知られる荒川は、水門が建設される前、何度も氾濫を繰り返し、そのたびに多くの犠牲者を出していた。

　そんな事実が積み重なって、都内有数の心霊スポットとされているのだ。

　浅見さんと今泉さんは、あわよくば溺死体となった霊を目の当たりにできるのではないかと、ここを訪れた。

　しかし、その期待は大きく裏切られた。目にしたものといえば、ジョギングをする人と、犬の散歩をする人のみ。

　ふたりは、有名な心霊スポットといってもこんなものだろうと、嘆息し、帰路についたのだった。

　翌晩。

　浅見さんは、その日の在宅勤務を終えた後、夕食を済ませ、歯を磨き、シャワーで汗を流した。その後、夏らしい半袖短パンの寝間着に着替えてベッドに潜り込んだ。

さて寝るか、と枕元のリモコンで部屋の照明を消して、目を閉じる。

意識がとろん……と夢の中に入り出した瞬間。

彼は異様な蒸し暑さと違和感を覚え、目を開いた。

すると、さっきまで快適なエアコンの中、部屋のベッドで寝ていたはずが、屋外で棒立ちになっていることに気がついた。

慌ててキョロキョロと辺りを確認すると、自分が今、昨夜訪れた中之島にいることがわかった。

しかも、財布の入った鞄を肩から下げ、腕時計をはめ、Tシャツに着替え、ジーンズまで履いている。

癖のように尻ポケットに手をやると、そこにはスマートフォンが。

完全に外出する格好である。

――有名な心霊スポット。

急に脳裏にそんな言葉が過った。

何よりも背筋を冷やしたのが、石碑を正面にして自分が立っていたことだった。

この石碑は、大会を記念して建てられただけのもので、霊的な謂れなどない。

まったく意味が不明な状況に、戦慄したのだ。

時間を確認すると、ちょうど零時。

ベッドに横になってから自分が住む一軒家まで、タクシーを飛ばせば着くことができるくらいの時間経過ではあるが、果たして自分は車でここにわざわざやってきたのか。歩きは考えられない。では、自転車はというと周囲に自分の物はなかった。

とにかく、帰らなければ。

浅見さんは終電が近いことにようやく気がつくと、足早に駅へと向かっていった。

自宅に帰ると、すでに妹や両親は眠りについていた。持っていた鞄の中には、いつも入れる場所に鍵があり、それで家に入れたというわけだ。

彼はすぐにSNSのメッセージ機能を使い、今泉さんに連絡を取った。もちろん、今あったことを伝え、一緒に行った今泉さんにも何か起きなかったか問うためだ。

しかしどうしたことか、送信したメッセージは一向に既読にならない。何度か似たような文章を送ってみるのだが、なしのつぶて。

さすがに心配になった浅見さんは、今泉さんに直接電話を掛けてみるが、どれだけ呼び出しても彼が応答することはなかった。

そこで浅見さんはふと冷静になった。時間も時間だ。二十五時を回っている。あいつはきっと、もう寝ているのだ。着信音を消しているなら、朝まで出ないだろう。

では、彼の自宅の据え置き電話ならどうだろう。

一瞬、その考えも脳裏を過ったが、すでに深夜。浅見さんは、お互い在宅勤務なのだから、明日にしようと考えを改めた。

翌日。

さっそく昼休みになった浅見さんは、今泉さんの自宅に電話を掛けてみた。

数コールで今泉さんの母親が出た。

「あっ、あの……高校のとき同級生だった浅見と申しますが、今泉君は居ますか？」

もしもし、と話された瞬間、どう言って良いのか一気にわからなくなった浅見さんは、上ずった声で要件だけを伝えた。

「え？　どなたですって？」

当然の返しだと思った。浅見さんは、それから丁寧に今泉さんとの関係を今泉さんの母親に伝えた。

ようやく理解してくれた母親は、今泉さんに取り次いでくれた。

「よう……」

昼間の電話だ。それにしては元気がない。仕事でミスでもしたのだろうか。

「悪りぃ悪りぃ、突然。携帯にメッセしても既読にならねぇし、電話にも出ねぇし、どうしたよ？」

不審に思った浅見さんは努めて明るく話し掛けた。

「いや、ごめん」

「謝らなくて良いから。それにしても、なんだそのテンションの低さは？」

きっと何かあったのだろうと考えた浅見さんは、電話の向こうに問いかけた。

「……………いや……な」

しばらく間がって、話し始めた今泉さんの話は浅見さんを驚かせるのに十分であった。


肝試しで旧岩淵水門を見物した翌日。

今泉さんは、在宅勤務のはずが急に会社に呼び出され、夜遅くまでオフィスの一角でトラブル対応をさせられていた。やっとの思いで積み上げられた問題を解消したとき、二十一時をまわっていた。

帰宅し、夕飯の残りをレンジに掛け食事を済ませると、風呂にも入らずに自室のベッドに倒れ込んだ。

しばらくするとエアコンが効いてきたのか、快適な室温になり、いつの間にか彼は寝息を立てて、夢の世界へ。

と、そのときだ。

いきなり部屋が暑くなった。

驚いて飛び起きる。

いや、飛び起きたつもりだった。

彼は、中之島の石碑の前で、ひとり棒立ちになっていた。

寝る前に外した腕時計は左手首に。枕元に置いたはずのスマートフォンは右手が握りしめている。手持ちはそれだけだった。服装は出社したときのスーツのままだ。

いったい何が起きたのか。

とにかく、自分が中之島に戻ってきてしまっていることだけは理解が及んだ。

スマートフォンを見ると、時刻はちょうど零時。

彼にとっては致命的な時間であった。

——終電がない。

しばらくの間、狼狽していたが、はたと交番があることを思い出した。

今泉さんは、走って交番まで行くと、流れる汗を気にする余裕もなく、警官に話しかけた。

寝て起きたら旧岩淵水門の近くにいたなどとは口が裂けても言えなかった。

そもそも信じてもらえるはずがない。最悪、薬でもやっているのかと疑われてしまう。

彼は、中之島を見物していたら、ついつい時間が経つのも忘れ、終電を逃してしまったと、もっともらしい嘘を吐くことにした。

最初のうちは、怪しい奴だと職務質問を受けることになったのだが、だんだんと彼の話にしっかりと耳を傾けてくれるようになった。

今泉さんが、財布も持っていないことがわかると、ではパトカーで送ってやろうと申し出てくれたのだ。

そんなことが昨日の晩にあったのだと、彼は電話口で教えてくれた。


「そんな馬鹿な……」

今泉さんの話を聞いた浅見さんの第一声は、懐疑的な疑問の一言だった。

「いや、マジでホントなんだって！　気が付いたらあの場所に立ってたんだよ！」

自分の話を否定された今泉さんは、声を荒げて主張をした。

「違う違う、疑ってなんかないってば。そうじゃないんだよ。もしその話に間違いがないとしたら」

——俺たちはまったく同じ時間にまったく同じ場所に居たってことになる。

あのとき、浅見さんは時刻を確認し、零時だった。

そして今泉さんも。

浅見さんのセリフにお互い黙り込んでしまった。

そして、どちらからともなく、神社でお祓いでもしようかという話になったそうだ。

「まぁ、とにかくこんなことがありましてね」

浅見さんは、思い出すのもうんざりといった表情で視線と顔を少しだけ上に向けた。

「それでも、もっと不思議なことがあるんですよ、この話」

「あいつ、パトカーに乗せられて帰宅したって話したじゃないですか。翌日、親と一緒にお礼をと交番に挨拶しに行ったそうです。でも、普通はそんなことしないんですって。決まりがあって、せいぜいお金を貸すくらい。それも上限があって千円。あいつ……」

――いったい何に自宅まで送ってもらったんですかね？

そう口にした彼の顔はさらに渋くなった。

旧岩淵水門（著者提供）

谷太郎川《やたろうがわ》（神奈川県）

神奈川県に住む城田君が、釣り仲間の古橋君から聞いた話だ。

その彼は、管理釣り場で鱒《ます》を釣ることが好きだった。

管理釣り場とは、一般的には「管釣り」と呼ばれ、人工的に造られた池や川、あるいは川の特定の区画を設定し、魚を放流している場所のことだ。

ある日、古橋君はヤマメやニジマスを目当てに管釣りに出掛けた。

その管釣りは、自然豊かな渓流になっていて川底が透けて見えるくらい澄んだ川水が印象的な場所だった。

駐車場に車を止め、受付を済ませる。

そこでは料金を払うと、一定時間、追加で魚を放流してくれるのだ。

川に最初から棲息している魚類もいるが、それではいつ釣れるかわからない。効率化という と味気ないが、純粋に「釣る」行為を楽しむには、最良な手段なのかもしれない。

「じゃあ、十時になったら放流しますので」

受付の奥にあった時計を確認すると、十時までかなりの時間がある。

「ずいぶん時間がかかりますね」

「いやぁ、すみませんね。どうも今日はお客さんが多くて。こちらの人手不足でお待たせして申し訳ない」

なるほど、パッと見た感じ、従業員風の人間はこの人しかいない。

仕方なく古橋君は、人が比較的少ない上流まで移動して、時間がくるのを待った。

そこは下流と違い、周囲にはゴッゴツとした岩肌がいくつも並ぶ岩場になっていた。

ひとつ大きな岩があり、そこでひとりの男性が釣りをして佇んでいる。

古橋君は、その人から七、八メートルくらいの距離を取って立った。

管理釣り場というものは、客のために区画を設けている。区画毎に番号が振られ、管理人は番号に対して魚を放流する。客は支払いの際に番号を告げられているので、そこで待っていれば心置きなく釣りを楽しめるというわけだ。

だが、この管釣りには番号制度はなかった。

そのため、人が釣っているところへ魚は投げられない。シンプルに迷惑ということもあるが、魚の取り合いになる。最悪、「お祭り」と言って釣り人同士の糸が絡まってしまう。

そうならないよう、番号のない釣り場では暗黙の了解として、人同士が距離を取るのだ。

古橋君は周囲を確認するため、ゆっくりと視線を動かしていった。

見ると、透けた川底に何匹か魚が泳いでいる。

顔前に腕時計を持ってくる。まだまだ約束の時間には遠い。

そこで彼は、別に放流された魚以外でも、野生のものを釣って悪いわけではないだろうと、川にルアーを落とした。

だが、期待は裏切られた。

どれだけ待ってもテンカラが動かない。

テンカラというのは、和式毛バリのこと。あるいは、和式毛バリを使った釣りを指す。

調子が悪いのか、日が悪いのか。そもそも魚に嫌われてしまったのか。

（あっちの人はよく釣れているのに……）

先ほどの釣り人。川面を見るに、自分同様にテンカラを使っているようだ。ということは、条件はほぼ同じ。数メートルの差でここまで釣果が違うというのなら、自分そのものが疑わしい。

男性を羨ましいような恨めしいような目で一瞥したとき、あることに気がついた。

彼は、魚たちが下流に泳いでいってしまわないように、ソフトボール大の石で囲いを作っているのだ。

「すごいですね！」

思わず声をかけていた。

「いやぁ、大したことないですよ。そちらも頑張ってくださいね」

片手を上げ、朗らかに返答された。自分より少し年上だろうか。よくいる釣り人風な服装と装備。おそらくは上級者か常連だということが見て取れる。

その間にもテンカラが水面を跳ね、また一匹、彼の手に握られた。

(早く店員さん、魚撒いてくれないかな)

時間が近くなり、なんとなく受付のある下流の方向に首を向けたときだった。

――バシャン！

後ろで、何か大きな物が水に落ちた音がした。

驚いて振り向くと、岩の上にいた男性の姿が見えない。

落水したのだ。

古橋君は慌てて、その岩に上り、注意深く周囲と川面を見渡した。

だが、岩の上に人影はなく、周囲は木々が鬱蒼としているばかりで人の声もしない。

ではやはり水中かと目を配っても、川魚が優雅に泳いでいるだけ。

――と。

「……あれ？」

気がついた。

道具がない。あれだけ釣っていたにも拘らず、魚籠《びく》もなければクーラーボックスもない。それに、濡れているはずの魚がいたはずなのに、岩上には自分の足跡しか付いておらず、まったく乾いていたのだ。

これはどうしたことだと元居た場所に戻ろうと振り返る。

鼻がぶつかってしまいそうな距離に、あの男性が無表情で立っていた。

当然古橋君は、吃驚して一歩後ろへ退いた。その拍子にを滑らせた。

そこは予想していたよりも水深は深く、自立しようにも足が底につかない。

水を大量に飲み、溺れそうになり、あの男性に助けを求めようとして向きを変えた。

再び目の前に男性がいて、虚ろな目で自分をじっと見つめていた。

「うわっ！」

今度こそ古橋君は悲鳴を上げた。

と、そこは受付の小屋で、彼は心臓マッサージを受けている最中だった。

げほっげほっ、と水を吐き出しながら咳き込み、落ち着くまでしばらくの時間を要した。

念の為にと救急車に乗せられていく際、かずれる声で付き添ってくれた従業員に男性のことを聞くと、あの場所で釣りをしていたのはあなただけだと教えられた。

退院後、迷惑をかけたお詫びに菓子折りを持って事務所へ伺った。

対応してくれた係員によると、あの日、その場で釣っていたのは古橋君だけで、川に落ちたところを離れた別の客が助けてくれたのだと告げられたそうだ。

聞けば、落ちたところはちょうど渦巻きのような水流になっていて、ただただ彼が洗濯機の中で回されているような溺れ方をしていただけだったと客が言っていたと聞いた。

だが、古橋君はその男性と会話もしたはず。

間違いなく人間だったと思うけど、他の人には見えていなかったようだった。

自分の身体に触れることもしなかったことから、悪意はなかったのではないかと古橋君は振り返った。

あの男性は、そもそも何がしたかったのか。

今でも、ふと思い出して、不思議な、そして怖い気分になるのだと言っていたと城田君は話を閉じた。

太田川《おおたがわ》（広島県）

怪談好きの通称・麻呂君という友人がいる。

彼は先日、手術のために入院した。そこで暇を持て余し、三十代半ばの男性看護師、武居さんと仲良くなり、興味深い体験談を教えてもらったそうだ。

お見舞いに行こうと考えていた矢先、麻呂君から退院報告の電話があり、その体験談をぜひ聞いて欲しいと頼まれた。


今から十五年ほど前のことだというから、武居さんが高校生だった頃の話だろう。

当時、公立高校に通っていた武居さんには中学校から仲良くしている友達が四人いた。学年でもそのことは認識されていて、仲良し五人組などと言われていた。

武居さんは小学生の頃から釣りに魅せられていた。一方、残る四人も、彼らが釣りに熱中し始めた時期はそれぞれ異なるが、中学を卒業する頃にはすでに釣りの虜になっていた。

そんな五人が釣り場で何度も顔を合わせる。仲良くなり、共に行動するようになる。

別名釣りキチ五人組と呼ばれるようになるまで、時間はかからなかった。

放課後や休日には、情報収集から時間の調整まで行い、五人で様々な釣り場へ足を運んだ。

そんな中、全員が夜釣りに夢中になることがあった。

武居さんたちが夜釣りへシフトしたのは、大物が釣りやすく、夜釣り特有の魚がいること、そして釣り人が少ない静かな環境を好んだからだ。

特に、皆が高校生となり原付免許を取得したことで、行動範囲が広がったため、隣県の大きな川の河口付近での釣りが増えたのだ。

河口付近では、スズキやヒラメがよく釣れた。

夜、長靴を履いて、頭にヘッドライトを光らせ、釣りに勤しむ。

あるとき、人々の姿がまったく見当たらない穴場を見つけた。

その場所は静かで、原付を安全な場所に停め、すぐに釣りを楽しむことができた。

少し足場は悪いが、隆起した天然の岩礁のような場所があり、そこでの釣りが特に魅力的だった。

沼田君、有本君、武居さん、桜田君、五島君。

最初は横一列で釣っていたが、次第に釣りづらさを感じ、自然と適切な間隔を取って楽しむようになった。

「悪い。俺、向こうの岩礁を越えたところで釣ってくるわ」

五人組の中で一番落ち着きがない沼田君が、遠くの暗闇を指差して言った。

沼田君は、他の四人が反応する前に、ヘッドライトと携帯電話で足元を照らしながら、指示した方向へと進んでいった。

しばらくは沼田君の明かりが見えていたが、やがてそれも見失った。

「あっちって釣れるのかな?」

「さぁ……?」

「沼田っぽいよな」

そんな会話を交わした後、再び静けさが広がった。

「武居、ごめん。ちょっと用足しに行くわ」

しばらくして、今度は五島君が口を開いた。どうやら我慢の限界だったようで、彼は原付が停めてある場所へと急いでいった。

「なんだ、あいつ?」

「近くにトイレなんてないよな。原付でコンビニまで行ったのかな?」

「あぁ、そうかもね」

またすぐに五島君への興味はなくなり、三人は黙って釣り糸を眺めていた。

三十分ほど経ったのち、五島君は自分が元居た場所に戻ってきて、釣りを続けた。

それからは、川の流れる音、波の音を聞きながらの時間が過ぎた。

しかし、期待した釣果はまったく訪れなかった。

「場所は良いけど、もしかして魚があんまりいないんじゃない？」

「うわ、それ調べてないのかよ」

「じゃあ、どうする？」

武居さんの疑問をきっかけに、皆で次の行動を相談し始めた。

そのときだ。

突如として不気味な音が彼らの会話を遮った。

びしゃびしゃと水が滴る音、そして何かを引きずるようなずずっずずっという音。

四人は一斉にその方向を見つめ、身を固くした。補導員かもしれないと一瞬考えたが、その音は普通の人間の足音とは異なっていた。その異様な音に、彼らの緊張はさらに高まった。

すると、暗闇の向こうから、全身ずぶ濡れの沼田君が現れた。

長靴を片方なくした、沼田君だった。

「川に落っこちちゃったよ、最悪……」

沼田君は今にも泣きそうな顔でうな垂れた。

「俺、原付に戻って休んでるわ……」

そう言い残して、沼田君は原付が停めてある場所に戻っていった。

「あ、じゃあ、ちょうど良いし、俺も戻るよ」

同時に、五人の中で早々に仕掛けを切られ、ルアーもなくして、することがなくなっていた有本君という子が沼田君のあとを追っていった。

「俺たちはもう少しねばってみるか」

残された三人は、しばらくの間釣りを続けたが、結果は変わらなかった。

結局、釣果が期待できないと判断し、ふたりに合流して帰ることにした。

三人は、道具を片付けた後、ふたりが待つ場所へと向かった。


「いやぁ……結局、ぜんぜん駄目だったよ」

外灯に照らされた原付が見えてきて、その横に有本君が地べたに座っているのが見えた。

武居さんは、諦めの言葉を口にしながら、有本君に近づくと、彼はがたがたと震えていた。

「お前、どうした？　っていうか、沼田は？」

有本君の様子も変だが、何より沼田君がいない。

「い、いや……さっきまでそこに居たんだよ」

「じゃあ、どこ行ったんだ？」

武居さんの問いかけに、震える声で有本君は三人が戻ってくる前のことを説明し始めた。

「マジでついてねぇわ」

沼田君が、上着をしぼりながらつぶやいた。

「っていうか、今何時だ？」

沼田君は、自分の携帯電話を取り出そうとして、懐を探っていた。

「え？　お前と一緒に水没したなら、壊れたんじゃねぇの？」

有本君が、沼田君に問うた。

「いや、防水なんだよ。どこに入れたっけな……あっ！」

ポケットなどを探っていた沼田君だったが、何かに気がついたようだった。

「あのとき、何かに手が当たったんだよ。それで携帯落としちゃってさ」

そのとき、三人が河口から戻ってくる姿が見えた。

「そうだ！　それって……」

その三人のうち、誰かを沼田君が指さした瞬間、沼田君はパッと消えてしまった。

「えっ？」

今まで、普通に会話をしていたのだが、突然消えてしまった。

沼田君の立っていたところを見ると、原付の傍らに、片方だけの長靴が倒れていた。

「え……？　ええっ？」

急に怖くなった有本君は、その場にへたり込み、震えることしかできなかった。

そこへ三人が戻ってきて、有本君に声をかけたということだった。

「いやいやいや……そんなことないだろ。人間がいきなり消えるわけない」

武居さんは、有本君を一瞥し、首を振った。

しかし、現実に彼が履いていた片方の長靴だけが残されている。

怯えて動けなくなった有本君を除いた三人は、沼田君が本当に消えたのならばまだ近くにいるはずだと考え、月明りとヘッドライトを頼りに辺りを探し始めたが、結果的に彼を見つけることはできなかった。

三人は再び集まり、沼田君が川に落ちたのではないかとの懸念が浮上。結果、警察や消防を呼び、事態は大きくなってしまった。

暗い河口付近の出来事だ。沼田君を保護するのは困難を極めると懸念された。

だが、意外にもすぐに発見されたのだ。

沼田君がひとりで釣りをしに行った先、そこの岩陰の下に落ちて亡くなっていた。たしかに、右の長靴は脱げていて、左の長靴だけがその足にはまっていた。

そこは岸から手前側の水深が浅く、携帯が落ちていた。

警察の見解では、おそらく落とした携帯電話を拾おうとして転落、その際、頭部を強打して死んでしまったのではないか、ということだった。

水深が浅いので、すぐ底がある。

沼田君の死因は開頭骨折として処理された。即死だったそうだ。

不運な事故だったということで、残された四人は葬式に参列した。

様々な関係者が出入りする中、四人はある疑問について話し合っていた。

「あのとき、びしょ濡れで戻ってきた沼田って、もう死人だったってこと？」

「まぁ、そうだろうな。ちょっと信じ難いけど。即死だって話だから、自分が死んだってことに気がついてなかったんじゃないか？」

「そんな馬鹿な……」

顔を青くした三人に、有本君が口を開いた。

「あいつ、あのとき突然消えたって言っただろ。何かに手をはじかれたって言ってた。で、何か思い出したようにお前らの方を指さした瞬間に消えたんだよ。俺には、携帯のくだりで自分がどうなったかを思い出して消えたんじゃないかって思えるんだよ」

そこで他の三人は黙ってしまった。有本君の推測には、なんとなくではあるが説得力があったからだ。

そして、黙ったのは、もうひとつ理由があった。

——アリバイのない奴がいる。

沼田君と五島君は、以前、女性関係で揉めたことがあったのだ。

そもそも、仲良し五人組とは、武居さんを介した仲良しだった。

そう、全員が全員、仲良かったわけではなかった。

それで、沼田君と五島君は前からぎくしゃくしていて、決して隣同士では釣りをすることはなかった。

五島君を除いた三人は、もしかしたら五島君が沼田君をやってしまったのではないかと、邪推しているのだ。

しかし、確固とした証拠はない。

疑ったら、キリがない。

誰からともなく、沼田君の話は封印されていった。


そんなことがあっても、釣りそのものには四人で行った。

ある日、太田川河口から少し上った場所で、釣りをしていた。

昼間は、大人たちが多く、それを避けたのだ。

そこは、流れも穏やかで静かな釣り場だった。

いつものように、横一列で釣り糸を垂らしていると、突然、川に高波のようなものができて、四人を飲み込んだ。

「ぺっ！　ぺっ！　水、飲んじまった！　おい！　みんな、大丈夫か？」

武居さんが振り返って、三人に無事を確認する。

この日は、武居さん、桜田君、有本君、五島君の順で並んでいた。

「五島の奴、流されたぞ！」

横にいた有本君が叫んだ。

「ええっ？」

有本君が指した下流に視線を向けると、五島君の頭が浮き沈みしているのが視認できた。

ライフジャケットのようなものは身につけていなかったので、浮くことができないのだ。

それは離岸流のような動きで、見る間に彼は流されていってしまった。

「助けないと！」

武居さんは叫んだが、もうすでにどうすることもできなかったそうだ。

慌てて三人は警察に通報したが、時すでに遅し。

溺死したあとだった。


短い時間で、五人が三人になってしまった。

五島君の葬式帰り、三人は武居さんの家で話をしていた。

今後のこと、釣りをどうするか、部活というわけではないが、活動を続けるのか。

あれこれと雑談に似た話し合いをする中、有本君が突如として語り出した。

「あのさぁ」

武居さんと桜田君がじっと見守る。

「実はさ、五島が流される直前に、『あれ？　沼田？』ってつぶやいたのを聞いちゃったんだよね。なんか、久しぶりに道端でばったり会ったみたいな感じで」

「なんだよ突然。気味悪いな。どういうことだ？」

武居さんが問う。

「いや、なんていうか、たぶん、あいつの目には沼田君が川の中から出てくるのが見えていたんじゃないかって思う。やっぱり沼田君を五島君がやったんじゃないかなぁ……って」

やっぱり、復讐しに出たのか。

以来、誰も釣りの話を口にしなくなったということだ。

太田川（写真 AC）

岩田川《いわたがわ》（三重県）

寒くなれば南へ、暑くなれば北へ移動する生活を続けているホームレスの谷さんは、罪状こそ明かせないのだが、その昔、刑務所に入っていたそうだ。

ある高架下に寝泊りしていて、自転車と大量のビニール袋だけで生活している彼に、『何か奇妙な体験とかないですか？』と声を掛けたのが、取材の始まりだった。

彼は滋賀県である犯罪を行い、後に三重県の三重刑務所に収監された。すぐ近くを伊勢湾へと注ぐ岩田川が流れている。

初犯だが、かなり重い罪だったらしく、出るには七年の歳月を要した。ただ、受刑者が服役する刑務所の決め方は非公開で、なぜ滋賀県の犯罪が三重県に収監されたかは本人でもわからないそうだ。

ちなみに、三重刑務所はA級刑務所と言って、初入者で執行刑期が十年未満（あるいは八年未満）の幅広い年齢の者を収容する刑務所に分類されている。現在では、過剰収容が問題となっていて刑務所の空き状況により刑期を考慮せずに収監する場合もある。

――ずいぶんと自然豊かな場所に投獄されるんだな。

輸送車から降り、所内の一室で入獄する手順を踏み始めた最初の感想は、そんな呑気なことだった。

理由は単純、水の流れる爽やかな音が聞こえたからだ。

それまでは、失意に沈んでいた。懲役刑の実刑判決を受け、留置されている拘置所から移送されるまでは、ずっと俯いていた。車を降りたとき、エンジン音が消えていないように思えた。気になって振り返ると、輸送車は停止している。では、この今も聞こえている音は何かと考えたとき、近くにはきっと大きな川があって、その水の流れる音が絶えず聞こえてきているのだという答えに至った。

いつか、鳥のさえずる声や、木々のざわめきまでも耳にするかもしれない。

絶望していた彼にとっては、ひとつの光明だった。

その日から、彼の獄中生活が始まった。しかし、彼は極度の人見知りで、六人部屋の雑居房での生活になかなか馴染めなかった。私語が禁止されている中でも、どこか孤独を感じずにはいられなかった。

だが、レクリエーションの時間や、運動の時間に、彼に話しかけてくるひとりの男がいたそうだ。

プロレスラーのような身長と横幅、全身に入れ墨の入っている強面の男。見るからに暴力団に所属しているような風体であったが、実際に会話をしてみると、どちらかと言えば昭和の任侠映画に登場する男気溢れる好漢であった。

谷さんが収監されてしばらく経ったある日の昼。

運動の時間中に男が監視の目を盗み、彼に話しかけてきた。

「兄ちゃん、どのくらいだ？」

刑期を聞かれているのだ。

「七年です」

看守に見つかると面倒なので、手短に答える必要があった。

男は谷さんの一言で、ニヤリと笑みを浮かべた。

「じゃあ……」

クイッと顎で塀を指す。

「音、聞こえるんじゃねぇか？」

「音？」

鸚鵡返《おうむがえ》しに質問を質問で返した。

「川だよ、川。どう聞こえてるか知らねぇが、水が流れてる音がするだろう？」

男はさっきよりも谷さんに少しだけ顔を近づけて問うてきた。

「あ……あぁ、えぇ、まぁ……」

キョロキョロと目玉を動かして男が問う意図を汲み取ろうとしたが、皆目見当がつかなかった。それで、生返事。

「やっぱりか……オヤジの話、本当なんだな」

『オヤジ』というのは、担当の刑務官のことらしい。だが、それ以外わけがわからない。谷さんの返答を聞いた男は、ひとり納得したかのように眉を寄せ何度も頷いた。

「あの………どういう」

意味なんですか、と続けるつもりだった。

「わりぃ、兄ちゃん。看守が来たから、またな」

遮られて、その場はそれで終わってしまった。

翌日。

前日と同じように運動時間に男が近寄ってきた。

「俺と同じように七年以上の刑期がある奴は、川の音が聞こえるんだとよ」

すぐに昨日の話の続きだと理解した。

「え?」

「短い奴らには聞こえてないそうだ」

瞬間、男は一瞬だけ目を細めた。

その表情に谷さんは、このセリフを覚えておけと命令されたような気がした。

谷さんは、男にどういう意味か問うたが、そのうちわかる、とだけ返された。

そこでその日の会話は終わった。

以降、運動の場で何度か他愛もない会話を繰り返した。出身地のこと、学生時代の出来事、身の上話、出所したら何を最初にしたいか。ただ、お互い絶対にどんな罪で入ることになったのかだけは明かさなかったが、谷さんは次第にその男と仲良くなっていった。


谷さんが収監されて半年が経とうとしていた。

刑務作業を終え、自由時間となった谷さんは出所後のことを考えて、簿記の勉強に励んでいた。

――と。

「あれ?」

私語厳禁だが、思わず口を突いて声が出た。

彼は部屋を見回し、それから窓に視線を移した。他の五人の視線が気になったが、そんなことはどうでも良かった。

「川の音が止まった」

谷さんは、口の中で小さくつぶやいた。

すぐに男の言葉が思い出された。

「水の音、なくなりましたよね？」

振り向いて、同室者に囁くような音量で確かめる。

皆、一様に首を傾げると、彼に興味をなくしたのか、すぐに自分たちの世界に戻っていった。

そこから消灯まで川の音は消えたまま。翌朝には、音は再び戻っていたのだが、そのときの谷さんには、川の水位が下がったのだろう、くらいにしか捉えていなかった。

川の音がしなくなった翌日の運動中、ニヤニヤとした男が話し掛けてきた。

「聞こえなくなったろ？」

谷さんは、それが何を指しているかはわかっていたが、何を意味しているかまったくわからなかった。

「消えるんだよ」

「消える？」

訝し気な表情を浮かべた谷さんに男は一言、告げた。

それをやはり鸚鵡返しに聞き返す。

「死ぬっつった方が早いか。今日、誰か死ぬぞ」

吃驚した谷さんは、看守の存在を忘れ、ことの次第を男に問い質した。

「よくわからねぇんだけどな、あの川の音が途切れると、翌日にこの刑務所の誰かが亡くなるんだってよ。オヤジから聞かされて半信半疑だったが、これで確かめられそうだ」

「そんな馬鹿な」

小刻みに首を横に振りながら彼の言葉を否定した。

「よく考えてみろ。収監されるとき、川なんか気にも留めなかったはずだ。どんだけ川が近いか知らねぇが、よっぽどの激流でもない限り一日中聞こえることなんてねぇよ」

ニヤリとした男は、そのまま運動場をあとにしていった。

にわかには信じられないことを口にした男を、谷さんは呆然と見送るしかなかった。

翌日、大騒ぎになったのは谷さんの隣で寝ていた同室の人間が亡くなったからだった。

看守は騒ぎを落ち着かせるのに躍起になっていて、それを煽るような囚人もいたが、しばらくの後、遺体は刑務官たちの手によって運ばれていった。

そんなことが、収監されている間、何度も起きたのだそうだ。

死刑が執行された噂を耳にする、受刑者が老衰で亡くなったと知らされる、そして自ら終わることを選んでしまった場合。

刑務所では、逃走や自殺を防止する監視活動を重要視しているが、それでもすべてに完璧ではなく、ごくまれに冷たくなって出所する者もいるのだという。

谷さんは、いつしか川の音だけでなく、週に何度か許されている入浴が苦手になっていった。全員が風呂から上がり、最後のひとりがシャワーを止めるとき、誰か死ぬのではないかと反射的に身構えてしまうから。

谷さんが収監されて、ちょうど六年が経とうとしていた。

あと少しで刑期が終わる。これが、長く辛い刑期から、彼の支えとなっていた。

例の男は、谷さんよりもさらに二年、刑期が長かった。

会うたびに苦笑いし、もう少しか、と寂しそうに頭を掻くのが印象的だった。

そんなある日のこと。

この日、多くの受刑者が運動をしに体育館に集まっていた。刑務作業によって運動に許される時間帯は異なっていたが、なぜかいつもよりも多かったという。

いつものように、谷さんが男と小さく会話をしていた。

ふとした瞬間だった。

その場にいた十数人が一斉に空を見上げたのだ。

もちろん、谷さんや男も同時に空を仰いでいた。

――それは川の流れる音が止まったから。

驚いた囚人たちは、皆一様に近くの者と顔を見合わせた。

その光景を危険と判断したのか、看守たちはすぐさま受刑者たちを刑務作業に戻らせた。

谷さんは気が重かった。

会話の有無の差はあれど、もう何年もこの刑務所にいるのだ。

毎回、川の音が聞こえなくなるたびに、知人が死んでいってしまうというのは、どうしても理不尽でやり切れない想いがある。

今回は誰が消えるのか。

その言葉ばかりが頭の中で壊れたレコードのように繰り返されていた。


その日の真夜中。

――きぃぃぃぃ…………。

谷さんが起きたのは、この音のせい。

廊下へ通ずる雑居房の扉が、金属の軋む嫌な響きを立ててゆっくりと開いた。

和室には畳の上に六人の男が寝ている。部屋は狭く、布団はほとんど隣接して敷かれていた。左側には三人、右側にも同じく三人。それぞれが頭を向き合わせて、一畳ほどのスペースで寝ている。右側の一番奥に谷さんは寝ていた。

受刑者が収容されている雑居房である。訪れる者などいなければ、こんな草木も眠る時間に開くはずなどもない。

先の金属音で目を覚ましていた谷さんは、上半身だけ起こし、寝ている同室の連中を見回した。人見知りではあるが、他人より神経質でもない自分が起きたのだ、なぜ他の者はこの音に起こされなかったのか疑問でならなかった。それから、不審な思いで出口に首を向けた。

まだ暗闇に慣れていない目でも、そこにはくっきりと人が立っている姿が見えた。

それは間違えようもない、いつも話し掛けてきたあの男であった。

男は足音もなく、頭が並んでいる隙間を進み、谷さんに近づいた。

そして、しばらくの間、谷さんを感情がない顔でじっと見つめていたが、不意に口を開いた。

「怖くないと言ったら嘘になるが、先に出るぞ」

同時に男は、足から消え始め、あれよという間に掻き消えてしまった。

翌日、谷さんのいる雑居房からかなり離れた場所で何か騒ぎがあった。

それだけだったが、谷さんはどういう原因かはわからないが、あの男がこの世から去ったことをなんとなく悟った。

それから一年後、谷さんが刑期を終え、出所する際に看守から教えてもらったことは、例の男は獄中で亡くなったということだった。死因は言えないということで、わからずじまい。

「まぁ、あの人は刑期を終える前に望んだ形じゃないだろうけど、『出る』ことだけはできたってことだよ。羨ましくはないけどね。あれからたくさんの場所を歩いてきたけど、あの川だけは近寄らないようにしているんだよ」

あれから何があったのかわからないが、谷さんは、また春になったら戻ってくると言い残して南に向かったきり、今現在も戻ってきてはいない。

岩田川（写真AC）

隅田川《すみだがわ》（東京都）

東京都は浅草の長屋に、お初という名の幼子が住んでいた。

彼女は、とある夫婦の養女で、元々の性格かその環境のせいかわからないが、よく嘘を吐き、手癖が悪く、義理の両親に迷惑をかけていた。

そのため、毎日のようにふたりから折檻《せっかん》を受けていた。

近所には泣き声が響き渡り、それを聞かされる近隣の住人たちは、いつ重大な事件が起きてもおかしくないと考えていた。

そんな折、あれだけ耳に届いていた悲鳴もしなくなり、彼女の姿そのものを目にすることもなくなってしまった。

当然、訝しく思った者が義両親に訊く。

すると、家出だ、腹でも空けば帰ってくる、と返された。

だが、その受け答えはどう見ても不審で、腑に落ちない。

『きっと、お初はこのふたりに殺されたのだ』

まことしやかな噂が広まり、警察にまで情報が入っていった。

やがて警察から三人の刑事が長屋まで出向き、玄関にて事情を聴取するが、知らぬ存ぜぬ、明日朝一番に捜索願を出しに伺う予定だったと、白を切り通された。

――と。

ひとりの刑事が夫婦の真後ろに、何か薄ぼんやりとしたものを目撃した。

次第に明確な形となる。

明らかに、着物姿の女の子であった。

ゆっくりと浮遊するそれは、奥の部屋にある障子の先に消えていった。

夫婦に断りを入れ、その辺りを調べるが、何も、誰も、見つけることはできなかった。

あれは間違いなくお初の亡霊である。

ここで、このふたりがお初を殺したのだと確信した刑事は、夫婦を逮捕した。

捜査が進み、夫婦が住んでいた長屋の床からお初のバラバラ死体が発見された。

夫婦は観念し、罪を認めた。

近隣の住人たちはお金を出し合って、お初の霊を弔い、地蔵を建立した。

というのが、大正十一年に起きた『お初殺し』と呼ばれる大事件のあらましである。

これは、牧浦さんという百歳を超える老翁から伺った話だ。

大正十一年、つまり一九二二年。今から百年以上前の事件だ。

もし、この事件をリアルタイムに知る人物がいるのだとしたら、同年に生まれたのだとしても百二歳。赤子が新聞を読めるわけはないので、当時二十歳だと仮定すれば、現在は百二十二歳。

ギネスブックによれば人類の最長寿はフランス人女性のジャンヌ・カルマンさん。百二十二歳、一九九七年没。ちなみに、百二十歳に到達した唯一の人類とされているそうだ。

では、牧浦さんがなぜこの事件を覚えているか。本人曰く、彼の祖父がこの事件を折に触れては彼に語り聞かせていたのだという。

だがそれも八十年以上昔のこと。

右記の話は、彼の家族や彼と相談を重ね、体調を鑑みて、数回に分けて取材をさせていただいたのだ。記憶は曖昧な部分もあれば、次の取材で違うことを口にした部分もある。

さて、そこで裏取りとして、当時の新聞を遡《さかのぼ》ってみよう。

それによれば、時系列としては以下のようなものだ。


大正十一年、七月一日。

お初は、浅草のセルロイド職人松村関蔵の内縁の妻まきから、塩を買ってくるように小銭を渡されて使いに出された。

しかし、その金で菓子を買い、食べてしまった。以前から折檻をされていた彼女は、帰れば酷い拷問が待っていると、帰るに帰れなくなった。


七月二日、午前二時。

この時間に道端でうろついていたお初は、警察に保護された。

お初を自宅に送り届けた警察官が去った直後、彼女の必死の謝罪の声が響き、しかし束の間、嘘のような静寂が訪れたと、近隣の住人が後に証言している。

午後、さすがに心配になった隣人が夫婦の家を訪れると、お初は半裸で天井から吊るされていたそうだ。紅色の腰巻ひとつの彼女は意識がない。足は力なく垂れていたとも新聞に記されている。折檻の凄惨さが窺い知れる。

その話をされた長屋の者たちが、代わる代わる覗きに行くと、慌てた様子の妻まきが、水をかけていた。

これが、お初が最後に目撃された証言になった。


七月三日。

内縁の妻まきが、お初は家出したのだと近所に吹聴して回った。

しかし、それがどうにもわざとらしく、逆にあることを確信させた。

監視の目が厳しくなった瞬間だ。

同日二十二時。風呂敷包みを持ったまきと、トランクを持った関蔵のふたりが出かけていくのを目撃されている。二時間後、長屋に戻ってきたときには、ふたりとも手ぶらだったのだという。

出かけるふたりを目撃した人物と、帰宅したふたりを目撃した人物が同一人物かどうかはわからなかったが、ひとりで二時間も見張っていたか、別々の人物が注意深く監視したいたのだとしても、どちらにせよ疑いの目が強かったことが窺える。


七月四日。

怪しい動向が目立ったため、住民たちは警察に事情を告げ、夫婦は所轄に呼び出された。尋問中、まきは、お初の家出は癖になっている、すぐ帰るはずだ、捜してみる、と訴えている。

だが、この時点ですでに警察側はどちらか、あるいはふたりがお初を手に掛けたと疑いを持っていた。さらに、近隣から虐待の証言も取れていたため、家宅捜索に踏み切った。

残念なことに、証拠らしい証拠は発見することができず、嫌疑不十分でふたりは帰宅を許されてしまった。

まきは近所にもお初の家出を話して回ったようだが、これも結果的に逆効果となった。

七月五日。

警察の処置に疑問を持った住民たちの告発と、浅草地区の有力者の介入により、夫婦は再び警察の厳しい問い詰めに応じるため呼び出されたのだ。

取り調べ室で、担当の刑事が語気を強めていく中、お初の死体が川から上がったのだと報せがあり、観念した内縁の妻まきは、ついに自白を始めた。

その後、供述通りに、死体を切った凶器が押し入れから発見された。


これが、当時刊行されていた新聞各紙から確認できる事件の顛末だ。

はて？

お初の幽霊が刑事の前に姿を現した、などという記事はどこにも見受けられない。

ということは、牧浦さんの話は、彼の、あるいは彼の祖父の勘違いだったのだろうか。

実は同じ疑問を小池壮彦氏が『日本の幽霊事件』（メディアファクトリー）で指摘している。

これを参考に、さらに調べを進めていくと、実は、映画が公開されていた。

大正十一年、八月。つまり、事件から一か月後だ。この事件の注目度がどれほどのものだったのか、推して知るべし。このとき、当時の松竹と日活が『お初地蔵』を発表している。しかし、前者は話の改変がひどく、評判が悪かった。後者は、忠実に作りすぎたせいで、公開の許可が下りず世に出ることができなかったようだ。

さらに、『松竹・映画作品データベース』を検索すると、事件のあった四年後の大正十五年に再び松竹が映画化していることがわかる。

野村芳亭原作・監督の『新お初地蔵』だ。

このどちらかの映画を牧浦さんの祖父が観たことで、事実と創作の勘違いが起きたのではないか、と推測した。

映画と報道で食い違いがあるのは、二点。

ひとつは、刑事がお初の霊を目撃したこと、もうひとつは死体の発見場所が異なる点だ。

武久勇三の『心霊の神秘』（善隣出版社）によると、武久勇三はこの事件に強い興味を持ち、自分の足で関係者を訪ねて事件の全容を取材して回ったそうだ。

その記事に『ひとりの刑事が、あと見ると、真の茶の間の瞳子に、何かさわりました。はてナと思つて其織心をとめて居ると、洗髪の姉人でも障子の外の廊下を通つたように、サラ、サラ、ザラーツという婦人の長い髪の毛のれた青が、それもおぼろげな音ではない、たしかに婦人のふさふさした洗いが障子にさわつた音が、ありあり、聞えました。』と書かれている。その後、障子を開けてみたが、隣の塀があるだけで、人ひとりも通れるスペースはなかったのだ、と記載されていた。

この証言がどこまで映画に影響を及ぼしたのかはわからないが、これがひとつの発端と見て良いだろう。

また、凶器が押し入れから見つかっていることが、死体も同様に押し入れから発見されたのだと勘違いが起きても不思議ではない。

というのは、この事件について書かれた本のほとんどが死体は夫婦の住む部屋から発見されたとしているからだ。

実際には、七月三日の夜に夫婦が風呂敷やトランクに入れて死体を川に流していて、それが通行人により発見、通報されている。


自供によれば、お初が真夜中の二時に警察に保護され自宅に帰された直後に妻まきの虐待でお初は亡くなっている。関蔵は共犯で、肉切り包丁で死体をバラバラにし、首と両足を風呂敷包みに入れ、胴体をトランクにしまい込んだ。出掛けた先は、相生橋《あいおいばし》でそこから隅田川に捨てたのだ。

だが、自供が始まる直前にトランクは現在の月島橋《つきしまばし》の袂に流れ着いた。これが通行人に発見されたため、最終的にはまきの自供につながった。

もうひとつの風呂敷包みは、その後も捜索が続けられたが、七月九日になって厩橋《うまやばし》のゴミ置き場に引っかかっているところを回収されている。

さて最後に。

では、この事件の何がこの話を怪談たらしめているのか？

それは、最後に発見された風呂敷包みだ。

これには、お初の頭と両足がくるまれていた。

しかも、厩橋というのは、関蔵とまきが死体を投げ捨てた相生橋から五キロメートルほど上流で、当時の警察や海洋学者が大潮の影響であったとしても不可思議であると首を傾げている。また、発見された日はお初の初七日であった。

この事実が、『お初ちゃんの敵討ち』だとされ、復讐譚として今も語り継がれているのである。

住人がお金を出し合って建てたお初地蔵であるが、現在は榧寺《かやでら》に祀られている。

訪ねると、近隣の住人なのか、お初を参りにきた人なのか、お初地蔵の前には十歳で亡くなってしまった彼女のために、ジュースやお菓子が供えられていた。

二〇二四年の今年で、一〇三回忌。

これも何かの縁と、一度、手を合わせに行ってはいかがだろうか。

墨田川と厩橋（写真 AC）

利根川《とねがわ》（茨城県・栃木県・群馬県・埼玉県・千葉県・東京都）

先の「お初殺し」を調べる過程で、牧浦さんという御年百歳を超える方からこんな話を聞かせていただいた。

その方が十三歳くらいのときの話だ。


近所に、牧浦さんと同じ年齢の双子がいた。

一卵性双生児とは聞かされていなかったが、とにかくそっくりで彼らの両親も時折間違えるくらいよく似た兄弟であった。

彼らとはよく遊ぶ仲だった。

真夏のある日、その兄の方が川で溺れ死んだ。

川中で遊んでいるところを、誤って足を滑らせて川に落ちたのだという。

それからちょうど四十九日後、今度は弟が自室で首を吊って死んだ。

その第一発見者こそが、牧浦さんだった。

未だに彼は、あの弟が自殺として処理されたことに違和感を抱いている。

「あぁ、首を吊ったのは、たしかだ。この目で見たのだから」

忌明けの法要を遺族が集まって執り行われた夕方のこと、牧浦さんは双子の残された弟を元気付けようと、彼が居る部屋の引き戸を開けた。

すぐに目に飛び込んできたのは、天井の梁からぶらりと下がる弟の體《からだ》。

初めて見る自殺に、脳が理解できなかったのか、彼は一歩、二歩と近寄って、友達の死体の頭からつま先まで、時間をかけて細部まで観察した。

そのときの光景が、九十年経った今でも夢で再現される。

なぜか、全裸だった。

脳が事態を理解して絶叫を上げるまで、視線が釘付けになったのは、掻き毟られて皮下の肉まで露出した、異常に膨れ上がった腹だった。

そこから流れる、血液ではなく透明の水。

「あんた、怪談か何か知らんが、首吊りってそういう死に方するもんかね？」

利根川（写真 AC）

あとがき

振り返りますと、日本全国の川の怪談を集めるという話をいただいたとき、果たして一冊にできるくらいの体験談を集めることができるだろうかと、怖気づいてしまいました。

しかし、『全国』については、そこまで怯えてはいませんでした。私が東京都で活動する怪談作家だからです。首都圏は全国から移住してくる者が圧倒的に多い。従って、都内で、話し掛ければ、取材を申し込めば、様々な都道府県の話を収めることができると確信していました。

その目論見は見事に当たりましたが、川で起きた怪異に巡り合うことには苦労しました。

そもそも取材は——聞き方は色々ありますが——基本的に「怖い体験、不思議な体験を聞かせてください」と始めています。そう、決め打ちで「川で体験した恐怖はありませんか?」と質問しているわけではありません。

そこで、手あたり次第に尋問……いや、質問させていただき、その中で川の話があれば、他の話以上に詳しくノートに書き記させていただきました。

結果、何が起きたかというと、写真の確保が異常に難しくなってしまいました。

全国の話は集まりました。だが、川の話を教えてくれた人々が、その川の写真を持っているかというと話は別です。それに、そこで怖い体験をしているのですから、記念撮影なんかして、大切に保管するわけがありません。そこで、友人知人の力を借りて、わざわざ撮りに行ってもらった写真もあれば、私が撮影に赴いた画像もあります。

さておき。

本書に登場する怪談が、幽霊や妖怪のような顕著な存在ではなく、より微妙で不気味な出来事を中心にしている点にご注目いただきたい。読者の皆様にも、身近な場所で起こり得るような話を感じていただきたく、そのような選定をしたつもりです。

とはいえ、ずばり霊である、というのも欠かしてはおりません。

きっと、ご期待に沿えたことでしょうと自負しています。

最後に、この本を書くにあたって、ご協力いただいた方々に厚く御礼申し上げます。

怪談を寄せてくれた友人たち、写真を提供してくれた先輩、多くのご助言を賜ったO様。

皆様の尽力があったからこそ、この本は光を見ることができました。

そして、この本をお手に取っていただいた読者の方々。ありがとうございました。

正木　信太郎

★読者アンケートのお願い

本書のご感想をお寄せください。アンケートをお寄せいただきました方から抽選で５名様に図書カードを差し上げます。
（締切：2024年3月31日まで）

応募フォームはこちら

川の怪談

2024年3月7日　初版第一刷発行

著者……………………………………………………………………… 正木信太郎
デザイン・DTP ……………………………………………… 荻窪裕司（design clopper）

発行所……………………………………………………………… 株式会社 竹書房
〒102-0075　東京都千代田区三番町８－１　三番町東急ビル６F
email：info@takeshobo.co.jp
https：//www.takeshobo.co.jp
印刷所……………………………………………………… 中央精版印刷株式会社